光绪帝传

陈荣赋 著

华中科技大学出版社
http://press.hust.edu.cn
中国·武汉

图书在版编目（CIP）数据

光绪帝传 / 陈荣赋著. -- 武汉：华中科技大学出版社，2025. 4. -- ISBN 978-7-5772-1683-6

Ⅰ．K827=52

中国国家版本馆CIP数据核字第2025R06Q62号

光绪帝传　　　　　　　　　　　　　　　　　　　　　陈荣赋　著
Guangxu Di Zhuan

策划编辑：亢博剑

责任编辑：胡　晶

责任校对：李　琴

装帧设计：VIOLET

版式设计：曹　弛

出版发行：华中科技大学出版社（中国·武汉）　　电话：（027）81321913
　　　　　武汉市东湖新技术开发区华工科技园　　邮编：430223

印　　刷：天津中印联印务有限公司

开　　本：710mm×1000mm　1/16

印　　张：14

字　　数：195千字

版　　次：2025年4月第1版第1次印刷

定　　价：49.80元

本书若有印装质量问题，请向出版社营销中心调换

全国免费服务热线：400-6679-118　竭诚为您服务

版权所有　侵权必究

前言

1875年1月12日（同治十三年十二月初五），19岁的同治帝驾崩。在慈禧太后的谋划推动下，醇亲王奕譞与慈禧太后胞妹婉贞之子，年仅4岁的载湉在哭闹中被强行抱上暖轿，迎入宫中继承大统，成为清朝第十一位皇帝——光绪帝，从此开始了他半为天子、半为囚徒的皇帝生涯。

自入宫后，载湉就一直生活在慈禧太后的阴影下，受到慈禧太后极为严厉的管束，一切事情都要按照慈禧太后设计的来进行，从此失去了自由。就连光绪帝个人的婚姻，他也不能自主决定，而是由慈禧太后一手包办。

载湉入宫后，慈禧太后为他举行登基仪式，此后便堂而皇之地开始垂帘听政。她以光绪帝的名义发号施令，全权处理军国大事。直到光绪帝18岁时，慈禧太后迫于舆论压力，才极不情愿地撤帘还政，退出大清的政治前台，让光绪帝亲政。但是慈禧太后身退心不退，还政后的她仍时刻关注着大清的政治动态，注视着光绪帝的一举一动，在背后"遥控"着光绪帝。光绪帝虽有亲政之名，但无亲政之实，处理军国大事、颁布圣旨前都要先请示慈禧太后，他只不过是在扮演一个囚徒式的傀儡皇帝的角色。

光绪帝亲政后，帝国主义列强正加紧图谋侵吞中国，中法战争、中日甲午战争相继爆发。在国家遭遇列强铁蹄践踏、处于危亡之际，光绪帝虽然对力主抗战的大臣表示支持，但在慈禧太后的掌控之下，他没有决策的实际权力，也无力改变国家的命运，对国家大事只能望而兴叹。

中日甲午战争后，中国大地上掀起了一股救亡图存的潮流。光绪帝在维新派领袖康有为、梁启超等人的协助下，希望能够顺应潮流，在获得慈禧太后的默许后，光绪帝以前所未有的勇气、坚定的态度，支持维新派发起了一场波澜壮阔的戊戌变法运动。范文澜在《中国近代史》中评价："光绪帝是满洲皇族中比较能接受新思想的青年皇帝，颇想有所作为。"但由于维新变法运动触动了以慈禧太后为首的顽固守旧派势力的利益，遭到他们的百般阻挠和压制，最终失败，而这场失败也宣告了光绪帝政治生涯的结束。之后，光绪帝被慈禧太后囚禁于中南海的瀛台，过着与世隔绝、凄惨悲凉的生活。1908年11月14日（光绪三十四年十月二十一日）傍晚，光绪帝在瀛台涵元殿饮恨而逝，走完了他郁闷、孤独、凄惨、痛苦的一生，年仅37岁。

前言

作为一位清朝王爷的儿子，载湉本应有幸福的童年，过锦衣玉食、安闲自在的生活，但他被权欲熏心的慈禧太后强行推上了无数人艳羡的皇帝宝座，终其一生都未能摆脱慈禧太后的控制。他名为皇帝，实为傀儡；虽为天子，实为囚徒。他力主变法，但壮志难酬；有心救国，却无力回天。他有雄心和血性，但缺少政治智慧；他不甘被慈禧太后摆布，但不得不屈服于慈禧太后的权势。他虽为一国之君，却连普通人的自由和权利都不能拥有，甚至连自己心爱的女人都无力保护。最终，他成了宫廷权力斗争的牺牲品、腐朽没落的封建王朝的殉葬品。正如担任晚清史官的恽毓鼎所言："缅维先帝（光绪帝）御宇，不为不久。幼而提携，长而禁制，终于损其天年。无母子之亲，无夫妇昆季之爱，无臣下侍从宴游暇豫之乐，平世齐民之福，且有胜于一人之尊者。"

光绪帝是清朝历代皇帝中特立独行、与众不同的一位，他身处于一个技术和思想都在发生巨变的时代，却能够学习和接受西方先进文化，向往开明政治。虽然慈禧太后把持朝政，但光绪帝是皇权的合法代表者，他对时代的理解、对时局的分析、对事务的决策建议，或多或少会对慈禧太后的抉择产生影响，也对朝政的发展产生影响。光绪帝驾崩后仅3年，腐朽至极的清朝就在辛亥革命的枪炮声中轰然倒塌了。

戊戌变法虽然失败了，但是开启了中国百年变革大潮的闸门，推进了中国近代化的历程。光绪帝生前备受慈禧太后等顽固守旧派的打压、摧残、折磨，他的亲政时间虽短暂，却依然有许多可圈可点之处。人们在叹惋他命运的同时，依然给予了他尊敬，而慈禧太后等倒行逆施者，则永远地被钉在了历史的耻辱柱上！

第一章　慈禧立嗣，意外登上皇帝位

第一节　醇王府中，载湉诞生　　001

第二节　皇室贵胄，显赫家世　　004

第三节　同治驾崩，遗诏成谜　　007

第四节　慈禧立嗣，奕谭昏厥　　010

第五节　四岁入宫，两宫垂帘　　014

第六节　继嗣继统，再起风波　　017

第七节　尘埃落定，太和登基　　020

第二章　艰难成长，少年天子露锋芒

第一节　苦难童年，非人遭遇　　025

第二节　塑造儿皇，慈禧逞威　　028

第三节　恩师授课，典学有成　　030

第四节　中法矛盾，国难不止　　036

第五节　奕䜣被逐，光绪震动　　039

第三章　有名无实，艰难曲折亲政路

第一节　巧立名目，慈禧训政　　042

第二节　光绪选后，慈禧包办　　047

第三节　宫中大火，不改奢靡　　051

第四节　光绪亲政，慈禧揽权　　056

第五节　奕𫍣去世，痛丧生父　　060

第四章　甲午硝烟，国难当头主抗战

第一节　朝鲜半岛，战云笼罩　　064

第二节　日本挑衅，光绪宣战　　067

第三节　平壤失守，海战惨败　　071

第四节　严惩鸿章，起用奕䜣　　075

第五节　国难当头，慈禧做寿　　080

第六节　帝后暗斗，珍妃受难　　083

第七节　光绪蒙辱，含泪批约　　086

第五章　改弦更张，变法雪耻图自强

第一节　难忘国耻，决意变法　　093

第二节　有为上书，纵论变法　　099

第三节　帝后争锋，矛盾激化　　105

第四节　光绪颁诏，启动变法　　108

第五节　罢黜帝师，慈禧设局　　111

第六节 百日维新，昙花一现　　117

第六章　戊戌政变，百日维新终夭折

第一节 变法受阻，步履艰难　　121

第二节 光绪反击，罢免旧臣　　125

第三节 帝后暗斗，危机突现　　130

第四节 有为施救，难挽危局　　135

第五节 义士夜行，密访世凯　　137

第六节 戊戌政变，光绪被囚　　142

第七节 世凯告密，六君喋血　　146

第七章　瀛台囚徒，苦难天子泣血泪

第一节 慈禧咆哮，三审光绪　　151

第二节 囚徒皇帝，瀛台泣血　　156

第三节 灵犀相通，帝妃幽会　　158

第四节 废帝阴谋，终告破产　　161

第五节 己亥建储，天下反对　　166

第八章　庚子国难，被挟"西狩"寓西安

第一节 八国侵华，慈禧宣战　　173

第二节 战局急转，联军破城　　179

第三节 深宫惨剧，珍妃遇害　　182

第四节 两宫出逃，西巡狩猎　　186

第五节　条约签订，两宫回銮　　　　　　　191

第九章　日落瀛台，含冤驾崩恨悠悠

第一节　再囚瀛台，仍为傀儡　　　　　　　194
第二节　朝局动荡，山雨欲来　　　　　　　199
第三节　日落瀛台，光绪驾崩　　　　　　　201
第四节　死因诡异，清宫谜案　　　　　　　205
第五节　苦难天子，遗恨千秋　　　　　　　211

慈禧立嗣，意外登上皇帝位

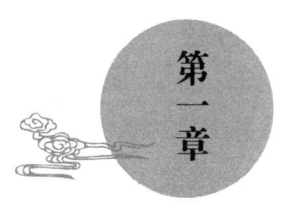

第一章

1875年1月12日（同治十三年十二月初五），年仅19岁的同治帝驾崩。同治帝既无子嗣，又无兄弟，他的驾崩让清朝帝位的延续成了一个巨大的难题——由谁继任下一任皇帝最合适？慈禧太后经过深思熟虑，选立醇亲王奕𫍽的次子载湉为新皇帝。年仅4岁的小载湉被戴上皇冠、换上龙袍，登上了大清皇帝的宝座。

第一节 醇王府中，载湉诞生

1871年8月14日（同治十年六月二十八日）子夜，古朴典雅的醇王府槐荫斋屋内，烛火通明，人影晃动。庭院里，身材瘦长、仪表堂堂的醇亲王奕𫍽正焦急不安地来回踱步。此时，他心爱的福晋正在屋内艰难地生产，已经整整一天了，孩子还没有生下来。

奕𫍽已过而立之年，还没有一个子女为继。1859年（咸丰九年），他奉旨与懿贵妃（后来的慈禧太后）的亲妹妹叶赫那拉·婉贞成婚。1861年（咸丰十一年），婉贞生下一女，1865年（同治四年）又生下一子，可惜先后夭折。奕譞来回踱步，内心不停地祈祷，盼望自己的福晋能平安地给他生个阿哥，就算生个格格也好。

"哇——"一声清脆的婴儿啼哭声打破了深夜的沉寂。不一会儿，一位仆人兴冲冲地跑到院中向奕譞禀报："恭喜王爷！恭喜王爷！福晋生了一位小阿哥！"

奕譞一听，悬着的一颗心终于放下了，脸上露出了欣喜的笑容，心中暗道："多谢上天保佑！"

按理说，孩子诞生后，应该人人喜笑颜开，充满欢声笑语，洋溢着一片喜庆的气氛，但是此时醇王府中的僮仆、家人们都一脸严肃，不敢高声说笑、恣意喧闹。这是为什么呢？一方面，因为王府不比寻常百姓人家，有着严格的礼教规矩；另一方面，也是最主要的，即清朝皇室有一条规定：每年农历七月初一祭祀祖宗，此前三天需要斋戒静修。奕譞第二个儿子出生的这天，适逢斋戒期，喜庆新生和哀悼亡灵发生了冲突，人们自然也就不能在府中随意大声说笑了，否则就是亵渎皇室祖宗的亡灵，这是万万使不得的。另外，为庆祝孩子出生而举行的庆贺活动，如大宴宾客、送礼受礼等也不得不暂且搁置。

清朝皇室贵族们虽然在国家大事上严守祖规，但在生日庆贺这类小事情上还是可以变通的。于是，奕譞决定将儿子的生日向前推移两天，变为农历六月二十六日。

可即便如此，孩子出生所带来的欢快气氛还是受到了影响，醇王府中的男仆女仆们感受到一种无形的压抑气氛。这一小小的插曲，似乎也在预示着这个刚刚出生的孩子的一生命途多舛。

清朝皇室子孙都要按出生顺序录入皇室的宗谱，从康熙帝开始，清朝的宗室命名仿照汉族的命名传统，以名字排定辈分，以区别血缘远近、长幼尊卑。从此，清朝的皇子皇孙们就开始有了属于自己的辈分。康熙帝择定"胤""弘"二字作为辈分用字。雍正帝即位之初，为了突显皇帝名字的独一无二，强迫他的兄弟们从"胤"字辈改成"允"字辈。

乾隆帝即位后，并不太讲究什么避讳，所以他的兄弟名字里都保留了"弘"字。一次，乾隆帝的第六子画了一幅《岁朝图》献给乾隆帝的母亲崇庆皇太后。乾隆帝看了十分高兴，当即在画上题写了"永绵奕载奉慈娱"这句诗，意思是儿孙繁衍成长，长年侍奉母亲膝下。崇庆皇太后也特别喜欢这句诗，于是乾隆帝便将"永""绵""奕""载"四个字摘出来，作为后代命名用字。

到了光绪帝，他属于"载"字辈，而这一辈的近支，名字里的第二字需统一用"氵"旁。

父母在孩子出生后为孩子做的第一件大事就是为他取个好名字。奕谖一直牢记着祖宗定下的规矩，不敢私自为刚出生的儿子取名。第二天天刚亮，奕谖乘上轿子，兴冲冲地向紫禁城的金銮殿赶去——祈求当今的皇上、皇太后为他的儿子赐一个大吉大利的名字。

到达金銮殿后，奕谖按例向同治帝、慈禧太后行礼，同治帝、慈禧太后也向奕谖贺喜。慈禧太后当即宣旨，将宫中打制好的一只嵌有许多珠宝的金锁赏赐给她的小姨甥。这只锁挂在小姨甥的颈上，寓意是要将他"锁"在人间。慈禧太后还赠给奕谖许多珍贵礼品，吩咐太监头领安德海将礼品连同金锁一起送往醇亲王府。

最后，奕谖请同治帝、慈禧太后为他的儿子赐名。同治帝时年仅15岁，虽然名为皇帝，但朝中大事还是由慈禧太后做主，慈禧太后就是名副其实的摄政王。

"得知妹妹即将临盆时，我便已思虑此事，近日又与诸多翰林相商，就叫他载湉吧。'湉'字的意思是平安愉快、稳妥顺当，希望他能健康平安。"慈禧太后说罢，用朱笔将这两个字在纸上写了出来。奕谖对这个名字也很满意，便向慈禧太后道了谢，随后就回府了。

因为第一个儿子早夭，所以奕譞非常期望这个儿子能够平安顺遂地过完一生。奕譞性格沉稳内敛，在朝廷中以小心、恭谨闻名，他在朝堂历经多次政治斗争，深知朝堂的险恶与残酷，他不期望自己的儿子日后卷入波涛翻滚、险象环生的政治漩涡中，只期望儿子未来能够继承自己的爵位和家产，风平浪静地度过一生，这样就足够了。但是世事难以预料，命运有时似乎故意与人作对，奕譞的期望不过是一厢情愿。

第二节 皇室贵胄，显赫家世

说起载湉的家世，在当时可说是无比显赫尊贵。

载湉的十世祖爱新觉罗·努尔哈赤是清朝的实际奠基者，被爱新觉罗家族尊奉为清太祖。清军入关后，爱新觉罗的皇位世代相传，统治着广袤的疆土。

载湉的祖父名叫爱新觉罗·旻宁，也就是道光帝，他共有九位皇子，除皇次子奕纲、皇三子奕继早夭外，还有皇长子奕纬、皇四子奕詝（咸丰帝）、皇五子奕誴（惇亲王）、皇六子奕䜣（恭亲王）、皇七子奕譞（醇亲王）、皇八子奕詥（钟郡王）、皇九子奕譓（孚郡王）。

奕譞生于1840年（道光二十年），在四哥奕詝即位为皇帝（咸丰帝）后不久，便被赐封为醇郡王，人称"七王爷"。作为道光帝的皇子、咸丰帝的弟弟，他的人生自然是荣华富贵、声名显赫，少年时代的他享受着锦衣玉食、安逸尊崇的王府生活。19岁那年，他在皇兄的授意下，娶了皇兄的宠妃懿贵妃的妹妹为妻，可谓亲上加亲，这也决定了他在皇族乃至朝廷中都处于举足轻重的地位。

1860年9月（咸丰十年八月），英法联军大举入侵中国京津地区。

第一章 / 慈禧立嗣，意外登上皇帝位

隆隆的炮声由远而近，咸丰帝率领群臣和后宫嫔妃偷偷从圆明园出走，仓皇逃往热河（今河北省承德市）的避暑山庄。

1861年8月21日（咸丰十一年七月十六日），久郁成病的咸丰帝自知将不久于人世，于是口授遗诏，立自己唯一的儿子，年仅5岁的载淳（懿贵妃所生）为皇太子，派载垣、端华、景寿、肃顺、穆荫、匡源、杜翰、焦佑瀛八人为"赞襄政务王大臣"，又称顾命八大臣，总摄朝政，共同辅佐皇太子。22日，咸丰帝撒手西归，载淳继位，是为同治帝，东宫皇后钮祜禄氏（慈安太后）与西宫懿贵妃叶赫那拉氏（慈禧太后）并尊为皇太后。

慈禧太后是个野心勃勃的女人，她刚刚坐上皇太后的宝座，就迫不及待地图谋夺取大清的最高统治权，暗中授意御史董元醇上朝奏请由皇太后垂帘听政，但是遭到顾命八大臣的强烈抵制。慈禧太后因此对顾命八大臣怀恨在心，便鼓动慈安太后与顾命八大臣争权。两宫太后暗中召见奕譞，向他问计，奕譞回答说要除掉顾命八大臣，非恭亲王奕䜣办不成，两宫太后采纳了他的建议。随后，两宫太后又命奕譞草拟了解除顾命八大臣职务的谕旨。

10月26日，两宫太后偕幼帝载淳启程回京，肃顺护送咸丰帝的灵柩随后而行。11月1日，两宫太后抵达北京，立即召见奕䜣等大臣，安排政变事宜。次日，两宫太后拿出由奕譞拟就的谕旨，交给奕䜣，当众宣示，发动政变。此时，肃顺一行已经行至密云的半壁店，两宫太后立即下旨命令睿亲王仁寿和醇郡王奕譞率兵前去捉拿肃顺。仁寿、奕譞二人接到谕旨后，星夜率兵赶往密云半壁店，闯入肃顺的卧室，将正躺在床上的肃顺捆绑起来，押回京城。8日，两宫太后诏令载垣、端华自尽，肃顺处斩，景寿、匡源、杜翰、焦佑瀛革职，穆荫遣送边疆充军。这次政变发生在辛酉年，史称"辛酉政变"。

辛酉政变成为奕譞人生中一个重要转折点，他积极协助两宫太后成

功发动政变，也为慈禧太后日后登上权力宝座立下了汗马功劳，慈禧太后对他信任有加，视他为心腹。

辛酉政变后，奕譞的地位直线上升，官衔和爵位纷至沓来，他先后被补授正黄旗领侍卫内大臣、御前大臣、后扈大臣，还负责管理善扑营事务，署理奉宸苑事务，管理正黄旗新旧营房事务、满洲火器营事务、神机营事务，稽查火药局事务等。1864年（同治三年）加封亲王衔，补授阅兵大臣，调补正红旗满洲都统，1865年（同治四年）负责办理京师防务。1872年（同治十一年）进封为醇亲王。

载湉的生母名叫叶赫那拉·婉贞，是慈禧太后的亲妹妹。关于婉贞的身世，史书上记载得很少。

婉贞与慈禧的父亲名叫叶赫那拉·惠征，生于1805年（嘉庆十年），监生出身。自1831年（道光十一年）起长期担任笔帖式一职，1846年（道光二十六年）后历任吏部文选司主事（掌管官员升迁事务的正六品官）、验封司员外郎（清代掌管文职官员的封爵、议恤、褒赠等事务的从五品官）、宝源局监督（清代工部宝源局主官）、山西归绥道、安徽徽宁池广太（徽州府、宁国府、池州府、广德州、太平府）道等职。1853年（咸丰三年）初，太平军进攻安徽，清军一败涂地，惠征擅离职守，携带饷银印信避至镇江。事后咸丰帝追究战败责任，慈禧此时已经入宫，但愤怒的咸丰帝顾不得她的情面，仍然下令将惠征撤职查办。惠征惊惧之下一病不起，于1853年7月8日（咸丰三年六月初三）病故于镇江，终年48岁。

慈禧于1852年经选秀入宫，1856年4月27日（咸丰六年三月二十三日）为咸丰帝生下唯一的皇子载淳（即同治帝），次年正月初被封为懿贵妃，在后宫中地位仅次于皇后钮祜禄氏，备受咸丰帝的宠爱。慈禧善于揣摩咸丰帝的心意，时常为咸丰帝出谋划策，加上她又工于书法，于是咸丰帝便时常口授并让她代笔批阅奏章，从此她开始接触朝廷政事。

载湉身为皇室贵胄，从他出生的那一刻起，就带着耀眼的光环，享受着他人难以企及的尊荣。只不过岁月更替，斗转星移，爱新觉罗家族的光辉日趋黯淡，大清的盛世风光已不复存在，延续200多年的大清此时已处于内忧外患、风雨飘摇的多事之秋。

第三节 同治驾崩，遗诏成谜

慈禧太后联合慈安太后、恭亲王奕䜣等人成功发动辛酉政变后，采纳大学士周祖培的奏议，废除原顾命八大臣拟定的"祺祥"年号，改用"同治"年号，以第二年为同治元年。

由于同治帝年仅5岁，朝政大事便自然而然地由两宫太后慈安、慈禧和恭亲王奕䜣共同主持。这样，清朝的最高统治权形成了一种特殊的格局——"两宫垂帘、亲王辅政"。慈安、慈禧两宫太后在殿上用帘子遮隔，临朝听政，代行皇权；由奕䜣掌管军机处，秉承两宫太后的懿旨，向朝中大臣发号施令，监督大臣们顺利实施各项政务。

朝政虽由慈安太后、慈禧太后和奕䜣三人共同主持，但实际权力却掌握在慈禧太后一人手中。慈安太后对政治不太热衷，也不太懂行，"两宫垂帘"基本上就是慈禧太后一人垂帘听政，而奕䜣只不过是充当了两宫太后的"传声筒"，并无实际的政事决定权，这就形成了慈禧太后独揽朝政的局面。慈禧太后逐渐掌握大清的最高权力，历时47年之久。

两宫太后垂帘听政期间，清政府为挽救颓亡的局势，在政治、军事、经济、教育等方面实行了一系列的改革措施，同时任用曾国藩、胡林翼、张之洞、李鸿章、左宗棠等一批能臣，平定了太平天国和捻军起义，兴办洋务运动，使国家的形势一度出现了相对稳定的局面，军事力量得到加强，经济也有所恢复，史称"同治中兴"。

在"两宫垂帘，亲王辅政"的体制下，同治帝形同傀儡，只不过是名义上的最高统治者，他的主要任务就是读书。1872年（同治十一年），同治帝已经16岁了，到了成婚的年龄。

两宫太后此前一直没有考虑小皇帝的婚事，到此时才想起要为皇帝选立皇后，操办婚事。在挑选皇后的问题上，两宫太后意见不一：慈安太后提议选户部尚书阿鲁特·崇绮之女、19岁的正蓝旗人阿鲁特氏为皇后；慈禧太后主张选员外郎富察·凤秀之女、14岁的镶黄旗富察氏为皇后。双方争执不下，最后决定由同治帝亲自挑选。同治帝更喜欢阿鲁特氏，于是立阿鲁特氏为嘉顺皇后，富察氏为慧妃。1872年10月16日（同治十一年九月十五日），在两宫太后的操办下，同治帝与阿鲁特氏举行了隆重的大婚典礼。

1873年2月23日（同治十二年正月二十六日），两宫太后卷帘归政，同治帝正式亲政。同治帝亲政，慈安太后有一种如释重负的感觉，而慈禧太后则极为失落，嗜权如命的她不甘心失去自己掌握多年的统治权，于是想方设法地控制同治帝。

慈禧太后不仅干涉同治帝处理政事，甚至还干涉同治帝的私生活，强迫同治帝与皇后分开，让他去宠幸慧妃。同治帝十分窝火，可慈禧太后毕竟是他的母亲，他也不敢太过反抗，一气之下自己一个人在养心殿内住了下来，对皇后和慧妃都开始变得冷淡。也就是在这段特殊的时间，同治帝的内心和性格发生了很大的变化，他开始变得放纵，时常和恭亲王奕䜣的长子载澄、翰林院侍读王庆祺离开皇宫，穿行于酒肆青楼之间，挥金如土，寻花问柳，同治帝也因此染上了怪病。

1874年11月28日（同治十三年十月二十日），同治帝在巡幸西苑时偶感风寒，身体出现不适。仅仅10天后，也就是12月8日下午，同治帝的病情突然加重，他开始发烧，并伴有四肢无力、浑身酸软等症状，皮肤上出现疹形红点。御医视诊后，不得不向慈禧太后禀报：同治帝染

第一章 / 慈禧立嗣，意外登上皇帝位

上了天花！

慈禧太后听后顿时丧魂失魄，因为天花在当时是一种致死率极高的疾病，无论是民间还是皇宫，都没有很好的根治之策。慈禧太后急令御医加紧为同治帝医治，同时在宫内外举行了大规模的恭送"痘神娘娘"的活动，祈求"痘神娘娘"将天花病魔从她的儿子身上收回。

同治帝患病之初，朝廷奏折由同治帝的老师、内阁大臣李鸿藻代阅，后改由恭亲王奕䜣批阅。慈禧太后得知消息后大怒，亲自来到同治帝的病榻前，勒令同治帝收回成命，改由她批阅所有奏折。同治帝不敢违抗，于是朝政大权重新落入慈禧太后的手中。

之后，同治帝的病情日趋恶化，身上开始出现毒疮，毒疮在腰部溃烂如洞，流脓不断，疼痛不止。1875年1月12日（同治十三年十二月初五）傍晚，西斜的太阳渐渐隐没，凛冽的寒气蔓延向紫禁城的各个角落，饱受病痛折磨的同治帝耗尽了最后一丝力气，心有不甘地闭上了双眼，驾崩于养心殿东暖阁，时年19岁。

关于同治帝的死因，历来众说纷纭，各执一词，主要有四种说法：一是天花说；二是梅毒说；三是疥疮说；四是天花加梅毒说。而根据同治帝的发病症状、御医的诊断记录以及同治帝后期的生活经历，他应该是天花与梅毒交叉感染导致死亡的。

有记载表明，同治帝在驾崩前可能曾立下传位遗诏。《清穆宗实录》里记载有一个《大行皇帝遗诏》（皇帝驾崩后还没有下葬叫"大行皇帝"），但这个遗诏是在同治帝驾崩后补写的，慈禧太后起到了主导作用，体现的可能并不是同治帝的本意。

同治帝作为一位皇帝，知道自己大限将至，不可能不考虑皇位继承人。再者，同治帝从患病到驾崩，前后一共30余天，他有充裕的时间留下传位遗诏。另外，据《翁同龢日记》记载，同治帝在驾崩前3天，神志清醒，说话自如，他在临终之际口授遗诏也是很有可能的。

至于同治帝遗诏中所立的继承人是谁，有多种说法：一说是贝勒载澍（康熙帝长子胤禔玄孙奕瞻之子）；二说是恭亲王奕䜣长子载澂；三说是道光帝的长子奕纬的嗣孙溥伦。但是不管是谁，有一点可以确认，就是这个皇位继承人不是慈禧太后所喜欢的，有碍她执掌朝政大权。

第四节　慈禧立嗣，奕譞昏厥

同治帝驾崩后，皇位一时出现了空缺。但是国不可一日无君，清朝皇室也有这样的规定：不立新君，就不能向全国发布先皇驾崩的消息，以免天下大乱。因此，当前最重要的是尽快确定新皇帝的人选。

中国自夏朝开始，王位继承实行的是父死子继、兄终弟及的制度。大清自入关定都北京后，皇位传承也开始采取父死子继的制度，到雍正帝又实行秘密立储制。所谓"秘密立储制"，就是由皇帝事先亲自书写立储谕旨，一式两份。一份密封在锦匣内，安放于乾清宫的"正大光明"匾额后，另一份由皇帝自己保存。皇帝驾崩后，由御前大臣将两份遗旨取出，同时拆封，对证无误后当众宣布皇位继位人。乾隆帝就是通过这种方式登上帝位的。

但是，同治帝在世时没有皇子，父死子继的传位方式也就无从谈起，皇帝之位也不能一脉相传了。怎么办？应该选谁来当新皇帝呢？

在同治帝的遗体前，慈禧太后哭得死去活来。慈禧太后虽然留恋权柄，但同治帝毕竟是她的亲生儿子，也是她唯一的儿子，年仅19岁就离她而去了，死时又是那么悲惨，怎能不让她肝肠寸断呢？后来慈禧太后在回忆自己的人生经历时这样说道：

"（咸丰帝）即宾天矣。予见大事已定，心始安。然彼时虽极悲痛，以为犹有穆宗（同治帝）可倚。孰意穆宗至十九岁，遽又夭折。自此予之境遇大变，希望皆绝。"

早年丧夫，中年丧子，此时慈禧太后内心的痛楚是难以用言语表达的。但是在悲痛之余，她首先想到的是朝廷的最高权力如何传承的问题。她不甘心自己的丈夫、儿子曾拥有的皇权落入他人之手，更不甘心失去作为皇太后的威严和在朝廷中的绝对支配地位，她要挽回即将失去的一切，她要重返政治舞台的中心，再度垂帘听政！

慈禧太后止住了哭声，双眼炯炯发光，命令内务府大臣通知相关王公大臣，前往养心殿西暖阁参加御前会议，商讨确定新皇帝的人选。在寒冷的暗夜中，一些尚在睡梦中的皇室亲贵和大臣被火速召集到养心殿西暖阁。慈安太后、慈禧太后御临养心殿西暖阁后，御前会议正式召开。皇室亲贵和大臣们一个个忐忑不安，各怀心事，在心中掂量着谁最适合当新皇帝。

按照清朝皇室家法，同治帝为"载"字辈，应当从比同治帝晚一辈的"溥"字辈中选一人来当新皇帝，这样也符合父死子继的皇位继承制，算是为同治帝立嗣承位。此时"溥"字辈的只有17岁的溥伦和出生才8个月的溥侃兄弟两人，他们都是道光帝长子奕纬的孙子。溥侃太小，没有继位的可能，溥伦年龄适合，但是在皇室血缘上又出问题了，因为溥伦和溥侃的父亲贝勒载治是由旁支过继给奕纬为嗣，血缘疏远，不能算是近支宗室，因此"溥"字辈继位的希望十分渺茫。

这样看来，应当从"载"字辈中推举皇位继承人。此时，"载"字辈中可供选择的人，除奕纬过继之子载治外，还有恭亲王奕䜣之子载澄（时年17岁）、载滢（时年14岁，已过继给道光帝的皇八子奕詥为继子），醇亲王奕譞之子载湉（时年4岁）。其他皆为远支，血缘较远，不应选择。但是，究竟选谁来当新皇帝，最后还得由慈禧太后裁决。

关于这次御前会议的情况，翁同龢在他的日记中记载，会议时间很短，也没有多少争论。

会议开始时，慈禧太后首先发言："此后垂帘如何？"

群臣们面面相觑，一个个面露惊讶之色。御前会议刚开始，慈禧太后不提立嗣之事，却先问以后她能否垂帘听政，这不是置大清皇室家法于不顾，让大清最高统治权归属她慈禧太后吗？

静默片刻，内务府大臣文锡提出异议："分当为皇上立太子，'溥'字辈，近支已有数人，请择其贤者立之。"

惇亲王奕誴认为溥伦与皇室关系疏远，不适合立为新皇帝。奕誴的说法正合慈禧太后的本意，于是她顺水推舟，接过奕誴的话说："'溥'字辈无当立者。奕譞长子，今四岁矣，且至亲，予欲使之继统。"

诸王大臣认为，既然立"载"字辈，为何不立年长一点的载澄？慈禧太后解释说："文宗（咸丰帝）无次子，今遭此变，若承嗣年长者实不愿，须幼者乃可教育。现在一语即定，永无更移。我二人（慈禧太后与慈安太后）同一心，汝等敬听。"

在宣布新皇帝人选之前，慈禧太后先做了一个铺垫，对即将做出的抉择给出了看上去合情合理的解释，并搬出慈安太后增强自己的说服力，以压服众人。

最后，慈禧太后一脸严肃地宣布："醇亲王奕譞之子载湉承继文宗，入承大统，俟生有皇嗣，即承继大行皇帝为嗣。"

慈禧太后为什么选中醇亲王奕譞之子载湉为新皇帝呢？因为她有自己的一套打算。

一是载湉与同治帝载淳同属"载"字辈兄弟，其父奕譞的福晋又是慈禧太后的亲妹妹，这样，慈禧太后既是载湉的伯母，又是载湉的姨母，与载湉有双重亲戚关系，是亲上加亲。如果载湉继承同治帝的帝位，于血缘亲疏上对慈禧太后有利。

二是载湉时年仅4岁，距离载湉亲政的年龄尚早，慈禧太后仍可垂帘听政多年，同时载湉年幼，易于管教，便于驾驭。

三是奕譞比较安分守己，对权力没有过多的奢望，比头脑活泛的奕䜣容易控制。若选载澄、载滢其中一人，由于两人将近成年，不管选谁，都意味着他在继承皇位后很快就可以亲政，慈禧太后就不能继续垂帘听政。另外，载澄品行不端，同治帝的堕落与他有关，慈禧太后非常忌恨他，再加上其父亲奕䜣已权倾朝野，对慈禧太后构成威胁，这也使慈禧太后放弃选择载澄、载滢兄弟两人，转而选择载湉。

一句话，慈禧太后选中载湉，完全是出于她个人的政治需要，是为了实现她继续垂帘听政、独掌朝纲的目的。

慈禧太后的决定令在场的人们惊诧不已，参加西暖阁御前会议的诸王大臣们毫无思想准备，个个瞠目结舌，愕然无语。突然，人群中响起一声哀号，大家循着声音看去，只见醇亲王奕譞瘫倒在地，一个劲儿地以头碰地，号啕大哭，竟至昏迷不醒。《翁同龢日记》中对这一情景作了记载："维时醇亲王惊遽敬唯，碰头痛哭，昏迷伏地，掖之不能起。"

奕譞为何有如此失常的反应呢？是因为喜从天降，还是预感到祸从中来？作为一位老成持重、政治阅历丰富的王爷，奕譞自然明白其中的利害。他此时的心情，应当是忧大于乐，悲大于喜。他的大女儿和大儿子先后夭折，好不容易才盼来这么一个儿子，还没来得及尽享儿子承欢膝下的天伦之乐，儿子就要离开他身边，他怎能不悲伤呢？而且日后他见到儿子，都要执守君臣之礼，父子之间将会隔着一道鸿沟。更重要的是，奕譞深知慈禧太后的个性和为人，慈禧太后对自己的亲生儿子都那么刻薄，何况是她的外甥？只怕日后儿子会像同治帝一样，成为慈禧太后操纵权柄的工具，毫无自由可言。

醇亲王奕譞的失常反应，让在场的诸王大臣们于惊诧之中平添了几分慌乱。在慈禧太后的指挥下，太监们把神志模糊的奕譞扶上轿子，抬回醇王府。一部分大臣准备新皇帝即位的诏书,一部分大臣准备仪仗迎接新皇帝入宫即位。

骚动渐渐平息,西暖阁御前会议就这样迅速结束了。

第五节 四岁入宫,两宫垂帘

夜幕笼罩着紫禁城,寒风呼啸,保和殿后面西北墙角下的一排低矮的小屋里,灯火通明。军机大臣们正在按照慈禧太后的旨意,紧张且谨慎地筹划着迎接新皇帝入宫的具体事宜。

潘祖荫和翁同龢等人匆匆拟定一道遗诏和一道懿旨,随后诸大臣赶往养心殿面见慈禧太后,呈上遗诏和懿旨。慈禧太后含泪阅过,点头应允,并命御前大臣及孚郡王奕譓等人备好暖舆(有帷幔遮蔽的轿子),安排轿夫、仪仗队前往西城醇王府迎接新皇帝入宫。

《慈禧外纪》中记载:"已过九点",忽然"狂风怒号,沙土飞扬,夜间极冷,但慈禧于此紧要时机,不肯片刻耽延,立即派兵一队,往西城醇王府,随从以黄轿一乘,用八人抬之,迎接幼帝入宫"。

此时,北京城的百姓们已经进入梦乡,城里寂静无声。忽然,紫禁城中传来一阵隆隆的闷响,打破了寂静的夜晚,紫禁城的正门从乾清门、太和门、午门、端门到天安门、大清门依次打开,一列长长的仪仗队在灯笼的照耀下,簇拥着一顶华丽的暖轿,像一条火龙一样穿过每一道大门,奔出紫禁城,向西城急行而去。孚郡王奕譓骑在马上,率领内务府官员前往宣武门内太平湖东岸的醇王府,迎接新皇帝进宫。

当皇室的仪仗队抵达醇王府的时候,奕譞刚刚被抬回家,仍昏迷不醒,由他的福晋、慈禧太后的胞妹叶赫那拉·婉贞出门迎接。奕譓向婉贞说明来意,婉贞一时六神无主,不知如何是好。想到自己年仅4岁的

第一章 / 慈禧立嗣，意外登上皇帝位

亲生儿子从此将离开自己，深居宫中，母子相隔，骨肉分离，婉贞心如刀割，眼泪止不住地流下来。奕𫍽连声安慰，婉贞知道天命难违，只得一边以袖拭泪，一边点头。

奕𫍽宣读完懿旨，立即吩咐随从的太监们伺候小皇帝入宫。此时小载湉正在熟睡中，当他被唤醒的时候，看到面前站着许多以前从未见过的陌生人，他感到莫名其妙，睁着一双大眼睛直愣愣地打量着他们。他哪里知道，自己已经从一个王爷的王子变为大清国的皇帝，成为万尊之躯、万民之主，就要永远地离开自己熟悉的家，去紫禁城做一国之君了。

太监们拿出事先准备好的龙袍衣裤，要为小载湉穿上。可是小载湉很不情愿被太监们摆弄，又是摇头，又是蹬腿，哭闹不止。为了不辱没皇家的颜面，让小载湉安安静静地离家入宫，小载湉的母亲婉贞、乳母和女仆等纷纷走上前来哄这位小祖宗。经过大家的一番努力，小载湉终于止住了哭声，安安静静地趴在乳母的怀中。

按照规定，太监们只能接小载湉一个人进宫，小载湉的母亲和乳母不能随队伍前往。可是小载湉很不听话，一离开乳母的怀抱又大哭不止。若是将他单独放入暖舆之中，恐怕要闹腾到翻天不可，一路上传出哭声，这成何体统？

左右两难之际，太监们想出了一个办法：先让乳母哄他入睡，然后将他从乳母的怀抱之中抱出，用厚厚的羊毛毡毯团团裹住，放入暖舆中，好让他在梦乡中继续安睡。

迎接小载湉的队伍启程了，向紫禁城内进发。小载湉的母亲婉贞倚着门框，泪眼汪汪地望着队伍远去，直到队伍消失了，她还倚着门框愣愣地发呆出神。儿子今后的生活将不由她来照顾，此后的人生也不由自己做主，她为自己心爱的儿子的命运感到担忧。

抬舆的轿夫们个个小心翼翼，尽量使暖舆走得平平稳稳，唯恐一不小心晃醒了小皇帝，又哭闹起来，他们就罪该万死了。

次日凌晨，队伍依次穿过各个宫门后，到养心殿前停下。太监们掀开暖舆的门帘，小载湉依然沉沉地睡着，甚至连轻声的呼唤都难以将他唤醒。

小载湉必须在规定的时间内参见两宫太后，太监们只好将他叫醒。小载湉睁眼一看，见自己不是躺在家里，而是被带到一个阴沉沉的地方，周围都是陌生的面孔，见不到母亲和奶妈，顿时哭喊起来。这次他闹得更凶了，4岁的他哪里懂得宫廷的规矩、皇帝的体统，只是一个劲儿地哭喊着要回家，太监们怎么哄他都没用，直到他哭喊得浑身无力了才罢休。

小载湉像木偶一样被太监们摆弄着，先是被带到钟粹宫（东宫）拜见慈安太后，接着被带到长春宫（西宫）拜见慈禧太后，然后又被带到坤宁宫拜见同治皇后阿鲁特氏，最后被带到东暖阁，跪在停放同治帝遗体的御榻前。屋内烛光闪烁，帷幔随着扑门而入的寒风发出响声，一派阴森森的气氛。小载湉十分害怕，又放声痛哭起来。在场的太监们也受到影响，眼中噙泪。

天亮后，御前大臣发布一道诏书，向全国公布同治帝驾崩的噩耗和新皇帝即位的消息。满朝文武大臣开始忙着为同治帝置办丧事，也为新皇帝登基大典做准备。而此时慈禧太后又在做什么呢？她还在为自己的儿子同治帝驾崩而独自伤心落泪吗？不！她有更重要的事情要做，她正在加紧自编自导第二次垂帘听政。

1875年1月16日，小载湉入宫的第四天，慈禧太后宣布，以新年为光绪（意为发扬道光帝的统绪）元年，1875年2月25日（光绪元年正月二十日）举行新皇帝登基大典。

不久，王公大学士、六部九卿等奏请两宫皇太后垂帘听政。面对这种请求，慈禧太后惺惺作态，装模作样地回答："垂帘之举，本属一时权宜。惟念嗣皇帝此时尚在冲龄，且时事多艰，王大臣等不能无所禀承，不得已姑如所请。一俟嗣皇帝典学有成，即行归政。"随即，慈禧太后以载湉的名义昭告天下，宣称自己成为新皇帝载湉名义上的母亲，并且与慈安太后一同垂帘听政。至此，慈禧太后再度垂帘听政的目的终于达到了。

1875年1月18日，小载湉入宫的第六天，慈禧太后公布潘祖荫、翁同龢等人拟写的同治帝"遗诏"，其中说同治帝非常欣赏两宫太后所选立的嗣皇帝，称嗣皇帝仁孝聪明，必能钦承付托……并孝养两宫皇太后，仰慰慈怀。

就这样，4岁的小载湉成了清朝第十一位皇帝——光绪帝。小载湉入宫后，一开始住在慈安太后的钟粹宫，由慈安太后照料他的生活。此时慈安太后身体状况已经不是很好，且没有照料孩子的经验，因此小载湉虽贵为皇帝，但被照顾得不是很周到。

第六节 继嗣继统，再起风波

1671年（康熙十年），康熙帝为防止皇帝无子嗣而导致统绪断裂，曾立下一条规定："如无子嗣，准将近族之子，过继为子。"慈禧太后选择醇亲王奕譞的儿子载湉作为皇位继承人，虽说血缘接近，但载湉毕竟是同治帝的堂弟，于理不合。为此，慈禧太后又以两宫太后的名义补颁一道懿旨：

> 皇帝龙驭上宾，未有储贰，不得已以醇亲王之子承继文宗显皇帝（咸丰帝）为子，入承大统为嗣皇帝。俟嗣皇帝生有皇子，即承继大行皇帝（同治帝）为嗣。特谕。

这道懿旨申明了嗣皇帝载湉与同治帝载淳是何关系。意思是说，由于同治帝驾崩时还没有皇子，无法为他安排皇位继承人，不得已只好把载湉过继给咸丰帝为子，作为嗣皇帝继承咸丰帝的皇位。等到将来嗣皇帝载湉有了皇子，再继承已驾崩的同治帝的皇位。

也就是说，嗣皇帝载湉是咸丰帝的"儿子"，承继的是咸丰帝的皇位，而不是同治帝的皇位。作为清朝的新一代君主，载湉一方面延续了咸丰帝一脉的皇家血统，另一方面也维护了清朝父死子继的秩序。

这道完全出于慈禧太后意志的懿旨，虽然说得冠冕堂皇，其实不过是慈禧太后对自己破坏清朝皇位继序的辩解。

光绪帝继嗣于咸丰帝，光绪之子却要继嗣于同治帝，这样，光绪帝自继位初就非常尴尬，就像是一个暂摄皇位的代理人，他的使命仿佛就是贡献自己的一生以及自己的后代，让咸丰、同治一脉有后为继。此外，慈禧太后从与同治帝同辈的宗室近支选择皇位继承人，并实行两宫垂帘的做法，完全不同于此前清朝皇位继承形式，也让同治帝的皇后阿鲁特氏处于尴尬境地。

慈禧太后擅自打破清朝皇室家法，为咸丰帝立嗣，选择同治帝的堂弟做嗣皇帝，其独断专行的做派也引起满族王公新贵和朝中大臣的不满。但是慈禧太后一向冷酷无情、专横霸道，反对她的人轻则会遭到一顿痛骂以至革职，重则会招来杀身之祸。

然而，朝中大臣中还是有犯颜直谏者。1875年2月20日（光绪元年正月十五），即光绪帝举行登基大典的前五天，满族人、内阁侍读学士广安率先对慈禧太后立嗣一事提出了质疑。广安上了一道奏折，在奏折中，他一方面对慈禧太后将光绪帝未来的皇子过继给同治帝为子嗣的安排表示颂扬，一方面又提出了一个大胆的要求，请求慈禧太后召集王公大臣，将立嗣一事用铁券的形式记录下来，昭告天下。

为了增加说服力，广安在奏折中还列举了历史上的一个例子。他说宋朝开国皇帝赵匡胤按照杜太后的命令，将皇位传给他的弟弟赵光义，按约定赵光义应当在驾崩前将皇位传给他的侄子，即赵匡胤的儿子。可是后来赵光义听信宰相赵普之言，将皇位传给了自己的儿子，将皇位垄断在自己一脉，太后之约也随之被废，此事从宋代开始一直存在着巨大的争议。此次慈禧太后对皇位的承继安排与杜太后传位之约有很大的相似之处，为吸取历史教训，避免以后人们忘记太后懿旨，应该把光绪帝之子过继给同治帝再入继大统的事记录在铁券中，然后颁示天下，使中外咸知，免得日后旁生枝节，引发祸端。

慈禧太后立嗣完全是按照自己的目的去实施的，她自知理亏，不愿在这件事上过多纠缠，现在广安上奏又提起此事，还公然要求她立下铁券作出承诺，这很明显是在表达对慈禧太后干预朝政的不满，甚至暗示慈禧太后是一个朝令夕改、言而无信之人。慈禧太后不禁大为恼火，她深知如将立嗣一事公开讨论，必将导致皇位的继承问题更加复杂，使自己处于非常被动的地步，垂帘听政的权力也将受到动摇。于是，在广安上呈奏折的两天后，慈禧太后以两宫太后的名义颁布懿旨：

> 前降旨俟嗣皇帝生有皇子，即承继大行皇帝为嗣，业经明白宣示，中外咸知。兹据内阁侍读学士广安奏请饬廷臣会议颁立铁券等语，冒昧渎陈，殊堪诧异。广安着传旨申饬。

意思是说，之前嗣皇帝所生皇子承继大行皇帝为嗣的事已经宣示中外，天下人都知道，哪里用得着你广安再来啰唆。慈禧太后传旨斥责广安，并多次重申同治帝的统绪不会中断。广安被慈禧太后派去的太监骂得狗血淋头，此后再也不敢上奏提议商讨立嗣一事了。

第七节　尘埃落定，太和登基

1875年2月25日（光绪元年正月二十日），光绪帝的登基大典在太和殿举行。

这天一大早，军机处就调派禁卫军守卫紫禁城的各道大门，严禁闲杂人员进入，以确保新皇帝的登基大典顺利进行。内阁、礼部、鸿胪寺（掌管外宾、朝会仪节等事的官署）、銮仪卫（掌管皇帝、皇后车驾仪仗的机构）的大小官员，正紧张张罗着在太和殿内外布置仪仗、乐队、各类仪物等。

据说为了避免光绪帝哭闹而破坏登基大典的气氛，太监们事先拿出一小团棉花给光绪帝玩，居然很有效，光绪帝竟不哭了。事后人们便说，太监在光绪帝登基前给了他一团棉花，造成了他性格软弱；但也有人认为，大概光绪帝生性软弱，得了棉花团，与其性气相通，所以就不哭了。

太监们将光绪帝扶正，让他端端正正地坐在御座上。他的左右两边站着几位亲王、郡王。在他身后一张下垂的帘子后面，就坐着那位表情威严、冷酷无情的慈禧太后。光绪帝哪里知道，他的傀儡生涯才刚刚开始，这个女人将会像一个躲藏在他身后的"鬼怪"，紧紧地纠缠着他，直到他生命终结。

光绪帝安静地坐在御座上，眨巴着一双乌黑发亮的小眼睛，好奇地看着眼前发生的一切。他不明白人们为什么把他带到这个地方，让他一个人坐在一张宽大的座椅上；不明白那些戴红色帽子、身穿长袍的大人们为什么要一齐向他磕头，嘴里还嘟哝着他完全听不懂的话。光绪帝看着这些莫名其妙、滑稽可笑的场景，想拍手笑，却又笑不出来，因为他看到在场的大人们一脸严肃，不苟言笑，表情僵硬。

在长长的叩拜队伍中，却少了一个人——光绪帝的父亲醇亲王奕譞。

从慈禧太后宣布立载湉为新皇帝的那一刻起，奕譞就惶恐不安，在朝中一直战战兢兢，如履薄冰。奕譞见证了辛酉政变的整个过程，也目睹了慈禧太后在同治一朝十余年独揽朝政大权的手腕。他知道慈禧太后对权力的向往，拥立载湉做新皇帝是另有图谋，是为她自己着想，她将会继续独揽朝政大权，将载湉玩弄于其股掌之间。而自己是新皇帝的亲生父亲，慈禧太后一定会对自己有所猜忌，怀疑自己是否会以"皇帝之父"自居，在背后为儿子出谋献策，指导儿子对抗她、压制她。奕譞深知此时如果处置不慎，将会给自己甚至全家带来灭顶之灾。

于是，在光绪帝正式继位后，奕譞马上主动辞去了一切职务，并向两宫太后上呈奏折，以旧疾复发为由，"许乞骸骨，为天地容一虚糜爵位之人，为宣宗成皇帝（道光帝）留一庸钝无才之子"，他将自己的儿子称作"庸才"，以示愿意遵从朝廷和慈禧太后的一切安排，表明自己没有任何政治野心。

奕譞的奏请正中慈禧太后的下怀，慈禧太后顺水推舟，象征性地和慈安太后、恭亲王奕䜣商议了一番，然后撤销了奕譞的一切职务，赏给他"亲王世袭罔替"的待遇。也就是说，奕譞的亲王位不用像普通的亲王位那样，每传一代就降一等，他的子孙可以世世代代袭为亲王。奕譞再次上奏辞谢，请求两宫太后收回成命，未获允准，还被派监管菩陀峪陵，也就是慈禧太后陵墓——定东陵的工事。

光绪帝的登基大典进行了一个半小时，大典结束后，光绪帝被太监们护送到养心殿，在他的寝宫里住下。在那里，将由专人负责他的生活起居，安排他的一切，他苦难悲惨的皇帝生涯从此拉开了序幕。

1875年3月27日（光绪元年二月二十日），光绪帝登基一个月后，同治帝嘉顺皇后阿鲁特氏在储秀宫内突然崩逝，追随同治帝而去，年仅22岁。

阿鲁特氏生于蒙古科尔沁正蓝旗（后被抬入满洲镶黄旗）的一个显赫世家，与孝庄太后是同乡，是户部尚书阿鲁特·崇绮之女。崇绮是大清历史上140多名状元中唯一的一位旗人状元。良好的家风以及从小耳濡目染传统文化，阿鲁特氏淑静端庄，容德兼备。但由于并不是慈禧太后中意的皇后人选，在同治帝生前和驾崩后，阿鲁特氏都备受慈禧太后排挤，甚至有传闻她是被慈禧太后迫害致死。

阿鲁特氏崩逝后，朝廷赠谥号孝哲毅皇后。因同治帝的惠陵（位于河北省遵化市清东陵境内东南之双山峪）刚刚动工营建，于是朝廷决定将她和同治帝的梓宫一起暂放于隆福寺行宫，在那里停放了三年半。

1876年（光绪二年），御史潘敦俨以国家发生大旱为由，请求更定阿鲁特氏谥号，上奏声称："后崩在穆宗升遐百日内，道路传闻，或称伤悲致疾，或云绝粒陨生。奇节不彰，何以慰在天之灵？何以副兆民之望？"奏疏的大意是，皇后逝世于穆宗皇帝去世后的百日内，民间便有各种传闻，有的人说是因为过度悲伤而生病，有的人则说是因为停止进食而丧命。这些非凡的节操没有得到彰显，我们该如何安慰已故皇帝在天之灵？又该如何打消亿万民众的疑虑呢？"这封奏疏暗指慈禧太后处事不公。慈禧太后毫不客气地立刻颁下懿旨谴责潘敦俨。随后，潘敦俨被革职罢官，回归田野，隐居家中，直至去世。

可是，两年多之后风波又起，御史吴可读上书，又一次奏请为同治帝立嗣，在朝廷内外掀起一场轩然大波。

吴可读是甘肃皋兰人，1850年（道光三十年）中进士，历任刑部主事、员外郎、吏部郎中、河南道监察御史，以正直敢言闻名朝廷，曾因上书言辞激烈触怒慈禧太后被革职。光绪帝即位后，大赦天下，起用以前被罢免的官员，吴可读被召回京师。然而吴可读刚直之性丝毫不改，他对慈禧太后为满足自己继续垂帘听政的私欲而擅自立年幼的光绪帝为咸丰帝之嗣，而不为同治帝立嗣的做法非常不满，决定上书为同治帝鸣不平。

然而广安、潘敦俨的下场赫然在前，二人因上书替同治帝与皇后争取权益而先后获罪，再谏的后果可想而知。吴可读思前想后，决定拼得一死，尸谏慈禧，促使慈禧太后尽快给出定论，还同治帝一个公道。

1879年4月17日（光绪五年三月二十六日），同治帝后归葬惠陵，两宫太后、光绪帝及大批官员出京送葬，吴可读被获准随同前往送葬。迁奠礼结束后，两宫太后、光绪帝等人返抵皇宫。吴可读没有回京，而是住进了蓟州马伸桥三义庙中，给该庙主持周道士写了三封信，给家中的儿子写了两封信，从容安排好后事，然后怀揣遗折，服毒自尽。

在遗折中，吴可读指责两宫太后在立嗣问题上一拖再拖，一错再错，并请求两宫太后"再行明白降一谕旨，将来大统仍归承继大行皇帝嗣子"，即调整未来的皇位继承方式，再次明确光绪帝的继任者为同治帝的嗣子，并且确定具体方案。吴可读认为如此才能"正名定分，预绝纷纭"，既为同治帝立了嗣，又杜绝了大臣们的争议。

吴可读"尸谏"事件迅速由京城传至全国，从官僚阶层到平民百姓间逐渐蔓延、发酵。慈禧太后虽然心中恼恨吴可读，但吴可读已死，而且外界舆论沸腾，她也不好发作，于是故作姿态，将吴可读的遗折下发廷臣商议。翁同龢、潘祖荫、张之洞等人看过遗折并经过一番讨论，均认为吴可读预定大统的请求不符合当朝"不预立储"的家法，而且此前已有懿旨说明将由光绪帝所生皇子承嗣同治帝，吴可读是没有理解原先懿旨的含义。

1879年5月30日（光绪五年四月初十），两宫太后颁发懿旨："皇帝受穆宗毅皇帝付托之重，将来诞生皇子，自能慎选元良，缵承统绪。其继大统者为穆宗毅皇帝嗣子。"这样，通过确定继统之人同时确定继嗣之人，而不是先确定继嗣之人后确定继统之人，从而避免因继嗣一事的预先安排而触犯清朝"不预立储"的祖制。

懿旨还指出，吴可读"以死建言，孤忠可悯"，朝廷按照五品官的待遇对吴可读加以抚恤，并遵照其遗愿，将其安葬于蓟州。轰动一时的吴可读"尸谏"风波总算平息下去，慈禧太后可谓不战而胜，未费多少气力就封住天下人的口，心安理得地二度垂帘听政了。

此时的光绪帝还不满10岁，尚且年幼，对朝廷中发生的这场风波并不知晓，但他已经开始被卷入宫廷政治斗争的漩涡中了！

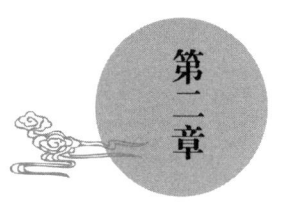

艰难成长，少年天子露锋芒

光绪帝继位后，慈禧太后开始按照自己的意愿来驯化光绪帝，光绪帝的成长过程极为艰难，他的童年生活充满了辛酸与苦难。好在光绪帝遇到了翁同龢等几位对他关心备至的恩师，在恩师们的悉心教导下，光绪帝在慈禧太后的阴影下艰难地认知着世界。

第一节　苦难童年，非人遭遇

对于一个年仅4岁的孩子来说，他理应依偎在父母的怀抱里享尽关爱、呵护，感受父爱、母爱的温馨，拥有幸福的童年。但是，4岁的小载湉入宫继承皇位成为光绪帝后，他离开了自己的亲生父母、失去了自己的童年，普通的生活与他彻底无缘。

载湉本来是咸丰帝的侄子，也是慈禧太后的外甥。但继嗣以后，他就变成了咸丰帝和两宫太后的"儿子"。因此，无论是从亲情关系还是从政治需要来说，慈禧太后明面上也要给予光绪帝足够的"关爱"。

据后来任清政府军机大臣的瞿鸿禨回忆，当慈禧太后听说外面有人议论她对亲侄子光绪帝非常苛刻时，很是生气，便对瞿鸿禨说出下面一番话来：

"皇帝入承大统，本我亲侄。从娘家算，又是我亲妹之子，我岂有不爱怜之理！皇帝抱入宫时，才四岁，气体不充实，脐间常流湿不干，我每日亲与涂拭，昼间常卧我寝榻上，看着天气寒暖，亲自为他加减衣衾，节其饮食。皇帝自在醇王府时即胆怯，怕听到大声特别是雷声，每有下雨打雷，我都把他搂在怀里，寸步不离。皇帝三五岁后，我每日亲书方纸，教皇帝识字，口授读'四书'、《诗经》，我爱怜惟恐不至……"

从这段话中，我们可以了解到慈禧太后对幼时光绪帝的态度。应该说，光绪帝初入宫时是受到慈禧太后关爱的，只是随着光绪帝的成长，这种关爱逐渐畸形、扭曲。

慈禧太后对光绪帝的事情也不可能全部亲自过问，照顾小皇帝的事情自然落到了一些太监手中。

这些太监多贪财好利，又喜欢偷懒，对光绪帝的生活不是很上心。当光绪帝进膳时，他们先将菜肴摆满一大桌，然后将光绪帝抱上椅子坐好，之后就不管了。光绪帝人小胳膊短，只能吃到眼前的三四盘菜，太监们也不会把远处的菜肴端给他。

后来，太监们为了捞油水，干脆每天只让御膳房送三四盘新菜肴来，其他的菜肴则用"原馔"来摆摆样子，有时候十天半月都不换，以至于光绪帝进膳时，整个屋子都充斥着强烈的馊味，旁边的太监们纷纷掩鼻，光绪帝因此常常吃不饱。

一次，光绪帝壮着胆子要求御膳房更换菜肴，膳房的人不敢擅自做主，就奏明慈禧太后。慈禧太后将光绪帝召去，指责他生活浪费、不节俭，将他痛骂了一顿，吓得光绪帝再也不敢提更换菜肴的事了。

有时，光绪帝实在太饿了，就溜到太监房中找馒头充饥。曾在宫中当过太监的信修明在《老太监的回忆》一书中写道："十岁上下，每至太监房中，先翻吃食，拿起就跑。及至太监追上，跪地哀求，小皇帝之馍馍，已入肚一半矣。"

光绪帝在入宫前曾得过一场严重的痢疾，几乎丢了性命，虽然被医治好了，但身体十分虚弱，饮食起居需要十分注意。现在他在宫中长期吃腐烂食物，又总是挨饿，于是落下了胃疾，时常呕吐，但是没有人理会他。

光绪帝正式上学读书后，调来一名姓任的太监照顾小皇帝的起居。任太监见慈禧太后对光绪帝很严厉，又因为慈禧太后此时患病，无力过问光绪帝的生活，任太监便得过且过，让光绪帝自己铺床、自己倒茶，导致光绪帝手指出血，手被开水烫伤。天变热了，他还让光绪帝穿狐皮大衣；光绪帝生病了，他也不及时去找御医为光绪帝医治。

直到亲政之后，光绪帝的饮食也未能得到改善。曾担任慈禧太后贴身侍卫的苏勋丞在《我所见到的慈禧和光绪》中回忆道：

"（光绪帝）那时约30岁，中等身材，瘦长脸，面色苍白，体质羸弱。我们从未见他言笑过。说实在的，他过的是囚犯生活，怎么能乐起来呀！慈禧每日三宴，每宴108样菜，光绪却没有这个排场。慈禧每餐拣自己不喜欢吃的三四样菜命人给光绪送去，以示慈爱。有时，三四样菜要分三四次"赏"，每送一次，光绪都得起立叩头谢恩，连一顿安生饭也吃不成。隆裕是慈禧的亲侄女，她可以就着慈禧的桌子吃。我们那时都私下猜疑，光绪瘦弱，多半是差了点饭食。"

若不是光绪帝身边的人披露内幕，有谁会能想到，这就是大清国君主的童年境遇，真是可悲、可叹。

第二节 塑造儿皇，慈禧逞威

从入宫的第一天起，光绪帝就失去了自由，完全处于慈禧太后的掌控之中。为了使光绪帝能够对自己知恩图报、言听计从，慈禧太后用尽一切手段将光绪帝塑造成她所期望的模样。

依理来讲，因为载湉被过继给咸丰帝，继的是咸丰帝的嗣，所以光绪帝应该称呼慈禧太后为"额娘""皇额娘"。但是慈禧太后对"额娘"这个称呼一直不满，因此光绪帝称呼慈禧太后为"太后"，可是慈禧太后听了又一脸的不高兴，李连英看出其中的奥妙，便私下告诉光绪帝，可称慈禧太后为"亲爸爸"，这极有可能是慈禧太后的授意。后来，光绪帝向慈禧太后请安时称其"亲爸爸"，慈禧太后听了果然眉开眼笑，对光绪帝也和气了很多。

慈禧太后生前喜欢的德龄公主在回忆录《清宫二年记》中写道："盖以太后极愿为男，故命人亦以男呼之。""皇帝及余等皆呼太后以男称。"她曾经亲耳听到光绪帝在向慈禧太后请安时说"亲爸爸吉祥"。

慈禧太后为了与光绪帝建立起一种特殊的依附关系，以便实现对光绪帝的长期控制，她从感情上有计划、有步骤地向光绪帝施加影响。她有意地疏远光绪帝和亲生父母的关系，就连其父母送进宫的东西慈禧太后也不允许光绪帝使用。

为了实现对光绪帝的绝对控制，在光绪帝入宫后不久，慈禧太后就以两宫太后的名义颁布懿旨，规定今后"所有左右近侍，止宜老成质朴数人，凡年少轻佻者，概不准其服役"。所谓"老成质朴"之人，无非就是能够顺从地按照慈禧太后旨意行事的宫内太监、仆人们。慈禧太后还叮嘱服侍光绪帝的这些人，让光绪帝知道以后只有她这个"母亲"，此外没有别的母亲。

自从登基为帝后，在慈禧太后的操纵下，光绪帝的生活就像摆钟的时针一样按照固定的时间和节奏机械、刻板地运行着。

光绪帝12岁时，慈禧太后就带他一起召见群臣议事了。此时的光绪帝虽然对朝政大事一无所知，但仍需按慈禧太后的要求，摆出一副帝王的威严姿态。有时慈禧太后与群臣的奏对时间稍长，光绪帝感到疲倦，甚至想睡觉，但是他却不得不强打起精神，坐在御座上一动不动。

除了要在御座上一本正经地"听"慈禧太后与群臣议事，光绪帝还经常被群臣接来送去，参加一些祭祀、礼拜等活动。如到奉先殿向列祖列宗的牌位跪拜，到中和殿阅视祝文、审视耕具，到寿皇殿及大高玄殿祈雪、祈雨，到中南海举行亲耕仪式，等等。每逢万寿节（古代皇帝的诞辰日）、冬至、元旦三大节，光绪帝还要在太和殿接受文武官员的朝贺，并向群臣赐宴。除夕之夜，光绪帝则要在保和殿赐宴外藩、王公及一二品大臣。

幼年的光绪帝不明白大臣们为什么要领着他到处参加各种活动，机械地做着这些烦琐的事情，他既觉得好奇，也感到困惑，但又身不由己，只得按照大臣们的指示做事。

慈禧太后还为光绪帝定下了一系列规矩：每天早晨都要到长春宫向慈禧太后磕头请安，要做到风雨无阻；磕头时慈禧太后没让起身就不能起身；慈禧太后出行，光绪帝必须随行；等等。久而久之，光绪帝对慈禧太后产生了一种心理上的畏惧感，每次见到慈禧太后就战战兢兢、缩手缩脚，唯恐惹得慈禧太后不高兴。

光绪帝入宫时体质很差，瘦弱多病，说话结结巴巴，且胆小怕声，尤其害怕打雷声。据太监信修明回忆，光绪帝一生怕雷，每逢雷雨时，御前太监全班值更。如有大闪电,知雷必至,一齐高声喊嚷,以乱雷声。在慈禧太后的严厉管束下,光绪帝的胆子更小了,慈禧太后一发怒,他就吓得胆战心惊,冷汗直冒,甚至"战栗不能发语"。

慈禧太后为了让光绪帝记得"亲爸爸"在关心他,除了经常召见光绪帝嘘寒问暖外,还经常派太监前去转达她对光绪帝的关怀,但这种探望,更像是一种监视。

慈禧太后宣称她对光绪帝"调护教诲,耗尽心力",虽有可信的成分,但她对光绪帝的关爱,既不是出于母爱,也不是出于对国家大事的责任心,而仅仅是为了满足她控制光绪帝、攫取权力的欲望。她为光绪帝所做的一切,都围绕着一个中心,那就是把光绪帝培养成一个绝对服从自己的傀儡皇帝。

光绪帝自幼离开父母,享受不到正常的父爱和母爱,内心是非常孤独的,现在又时常遭受慈禧太后的折磨,心情更是苦闷。饮食上的不周让他虚弱的身体得不到很好的调养,精神上和肉体上的双重折磨,让光绪帝生成了一种软弱乃至怯懦的性格,而这正符合慈禧太后的需要。

第三节 恩师授课,典学有成

清朝皇帝对皇子的教育非常重视,并因此建立了一套严格的制度。按照规定,皇子6岁时就要入学读书,由专门的授业老师为他们授课。

关于光绪帝读书一事,两宫太后也极为重视,专门颁布了一道懿旨,就光绪帝读书一事作了明确规定。懿旨规定:光绪帝开学时间为光绪二年四月,读书地点在毓庆宫上书房,授课老师为翁同龢与夏同善,学习课程为汉文经典、满文、蒙文及骑射等;由奕譞负责照料光绪帝的读书生活。

第二章 / 艰难成长，少年天子露锋芒

翁同龢时年 46 岁，江苏常熟人，出身官宦世家，其父翁心存历道光、咸丰、同治三朝，任尚书、大学士等职，也曾任同治帝的老师。翁同龢于 1856 年（咸丰六年）在殿试中被咸丰帝钦点为状元，授翰林院修撰，1865 年（同治四年）任同治帝老师，1868 年（同治七年）升任国子监祭酒。

夏同善时年 45 岁，浙江杭州人，1856 年（咸丰六年）考中进士，被选为翰林院庶吉士，1871 年（同治十年）升任兵部右侍郎。

1876 年 3 月 16 日（光绪二年二月二十一日），光绪帝的开学典礼在养心殿东暖阁举行。

这天一早，翁同龢与夏同善早早来到东暖阁恭候，蒙古王公伯彦讷谟祜（僧格林沁长子）、贝勒奕劻、恭亲王奕䜣等人也先后到达。光绪帝在太监的簇拥下走进东暖阁，一番礼节行过之后，师生分头落座，授课开始。

翁同龢以笔蘸墨，在纸上写下"天下太平""光明正大"八个厚重端庄的颜体大字，教光绪帝描红认字，然后又拿出事先用黄绫裱成的两个方块字"帝德"放在光绪帝面前，恭亲王奕䜣在"帝德"后接写"如天"二字，翁同龢便领着光绪帝大声朗读"帝德如天"四字。之后，翁同龢打开《帝鉴图说》的第一篇《任贤图治》为光绪帝讲解，光绪帝用手指指着尧舜二帝像，显得很感兴趣。汉文课结束后，伯彦讷谟祜又教光绪帝认识满文字母。由于光绪帝连日来身体不舒服，课程不久就结束了。

5 月 14 日，5 岁的光绪帝正式进入毓庆宫上书房读书。毓庆宫位于紫禁城奉先殿与斋宫之间，始建于 1679 年（康熙十八年），是康熙帝为皇太子胤礽特别建造的。乾隆帝为皇子时曾在此居住，同治帝曾在此读书，现在光绪帝也在此读书。

刚开始的时候，翁同龢和夏同善教授光绪帝识字、背书。翁同龢也作出规定：光绪帝生书每天读 20 遍，熟书每天读 50 遍。虚 6 岁的光绪

帝此时正处于活泼好动的年龄，对读书不感兴趣，让他读一两遍还可以，但是次数多了就不耐烦了，常常读到一半就不读，有时干脆闭口不作声，不管老师如何督促，他都不听。如果老师稍微大声呵斥，光绪帝就号啕大哭。翁同龢急得没有办法，于是就将光绪帝的父亲醇亲王奕譞请来。在奕譞的呵斥劝导下，光绪帝老老实实读了几天书，但是没过多久又故态复萌。

光绪帝是大清的皇帝，不好好读书日后如何上朝理政？老师们聚在一起另想办法，翁同龢提出，如果光绪帝没有读够应读的次数，就采用加罚法，没读够一遍就加罚两遍，以此类推。

1878年（光绪四年）后，光绪帝的读书时间从半天改为全天，光绪帝体质孱弱，难以承受学习的压力，但不好好读书就会遭到慈禧太后的责骂，好好读书则能得到一点表扬，加上老师翁同龢对光绪帝处处关心，让光绪帝感到少有的慈爱，因此更愿意听从老师的教导，在读书上下功夫。此后，光绪帝学习的积极性大大提高，对读书产生了浓厚的兴趣，学业也大有长进。翁同龢甚为高兴，在日记中写下了他对光绪帝读书进步的评价："读极佳，一切皆顺，点书不复争执矣"，"读甚佳，膳前竟无片刻之停"，"自是日起，上不俟军机，起即到书房，此于功课大有益也。卯正二来，读极佳，且能讲宫中所看《圣训》"。

在枯燥无味的宫廷生活中，光绪帝似乎从书籍中找到了寄托。每逢宫中节日、庆典时，慈禧太后偏爱看戏，而光绪帝却独自一人在书房中读书写字。就连慈禧太后也赞扬他："实在好学，行立坐卧皆诵书及诗。"小皇帝逐渐长大了，他的身上越来越有新一代大清皇帝的气质。

在朝夕相伴的学习过程中，光绪帝与翁同龢建立起了深厚的师生情谊，翁同龢不仅在学业上耐心细致、不厌其烦地教导光绪帝，而且在生活上也体贴照料光绪帝。光绪帝也善解人意，1879年（光绪五年），光绪帝用朱笔端端正正地写了"福""寿"两个大字，恭恭敬敬地送给翁同龢，以表达他对老师的敬意。

随着年龄增长，光绪帝的学习课程也在不断增加，内容涉及儒家经典、历史地理、经世时文、诗词典赋等。到光绪帝亲政前，仅翁同龢给光绪帝讲解过的书籍就有40余种。为了将光绪帝培养成一位志存高远、具有雄才大略的贤明君主，翁同龢除给光绪帝讲解中国历史和帝王之学的书籍，如《史记》《贞观政要》《资治通鉴》等，还根据时代之变，将外国见闻和与洋务运动有关的书籍、奏折讲给少年光绪帝听。另外，光绪帝还要学看奏折、写诗作论、满汉文互译、骑射等课程，后期翁同龢又请来两位同文馆的老师，教他学习英文。

1880年（光绪六年）光绪帝9岁时，夏同善病故，翁同龢的责任更重。在教育光绪帝时，翁同龢恪尽职守、呕心沥血、废寝忘食，十几年如一日。他不厌其烦地为光绪帝剖析历代帝王治政的经验教训，启发光绪帝要做一个才德兼备、万民景仰的贤明君主，做到勤政敬业、虚心纳谏、礼敬贤士、体恤苍生、修德养身。

在翁同龢的教导下，光绪帝也逐渐明白了作为一国之君的责任所在，懂得了什么样的君主才是百姓所期望的。光绪帝15岁时，写过一篇非常有名的御制文："为人上者，必先有爱民之心，而后有忧民之意。爱之深，故忧之切。忧之切，故一民饥，曰我饥之；一民寒，曰我寒之。凡民所能致者，故悉力以致之；即民所不能致者，即竭诚尽敬以致之。"

在读史有感时，光绪帝写道："善理财者，藏富于民；不善理财者，敛富于国；国之富，民之贫也。……以帝王之尊，而欲自营其筐箧之蓄，其为鄙陋，岂不可笑也哉。"他对王朝兴衰的根本问题和对家国大义的理解，可谓一语中的、一针见血。翁同龢还让光绪帝充分了解民间疾苦，不要沉浸在紫禁城的富贵太平之中，因此光绪帝还写过很多怜惜民生艰难的诗作，诸如：

畿辅

畿辅民食尽，菜色多辛苦。

遥怜春舍里，应有不眠人。

锄禾

知有锄禾当午者，汗流沾体趁农忙。

荷锸携锄当日午，小民困苦有谁尝。

在慈禧太后的压迫下，光绪帝没有高高在上的帝王姿态；在翁同龢等人的教导下，光绪帝虽深居皇宫之内，却能了解到民间百姓的生活疾苦，这是非常难能可贵的。随着年龄增长、知识增加，光绪帝的思想也在潜移默化中逐渐走向成熟。

1887年（光绪十三年），光绪帝亲政后，依然到上书房听课，并同翁同龢讨论国家大事、寻求对策，这引起了慈禧太后的警觉。因此，慈禧太后于1896年2月15日（光绪二十二年正月初二），下令裁撤毓庆宫书房，光绪帝的学习生涯也就此结束了。

在光绪帝典学期间，除了翁同龢、夏同善外，孙家鼐、孙诒经、松溎等人都先后当过光绪帝的老师，但他们中有人因病早逝，有人因职务变动而调往他处，只有翁同龢自始至终陪伴着光绪帝，孜孜不倦地为光绪帝授课，是光绪帝诸位老师中对光绪帝付出心血最多、影响最大的一位。

1881年4月8日（光绪七年三月初十），慈安太后在钟粹宫中猝然崩逝。慈安太后出生于广西柳州，本姓钮祜禄，满洲镶黄旗人，与乾隆帝的皇后富察氏同出一旗，属清朝上三旗中的首旗，地位非常高。1852年（咸丰二年）初经选秀入宫，7月24日被立为皇后，年仅15岁。

慈安太后秉性宽厚平和，待人和颜悦色，而且生活俭朴，堪称母仪宫闱之懿范。咸丰帝也非常敬重她，称她为"女圣人"。但是，慈安太后最大的憾事就是没有为咸丰帝育有皇子。叶赫那拉氏因生下皇子载淳，很快升为懿贵妃，并可参与朝政，慈安太后从此被咸丰帝冷落。慈安太后遵循礼法，将载淳视如已出，悉心爱护，小载淳亲近她胜过亲近他的亲娘。咸丰帝驾崩后，慈禧太后说服慈安太后，联合恭亲王成功地发动了辛酉政变，除掉了顾命八大臣，实现了她垂帘听政的梦想。

当时，人们对两宫太后慈安和慈禧的评价是慈安"优于德"，慈禧"优于才"。不同于有才干又有强烈政治欲望的慈禧太后，慈安太后对政治不感兴趣，咸丰帝驾崩后，她常在宫中持斋念经，将精力放在修身养德上。虽然慈安太后与慈禧太后同朝垂帘听政，但主要决策实际上出于慈禧太后一人。一些日常的朝廷事务，慈安太后放手由慈禧太后处理。

尽管慈禧太后煞费苦心地操控光绪帝，可是光绪帝入宫后，却与慈祥的慈安太后较为亲近，同慈禧太后的关系反而疏远，为此慈禧太后深为不悦。由英国人濮兰德和白克好司写的《慈禧外纪》记载："光绪帝渐次长成，颇与慈安太后相亲，当时宫中人人同此传说。盖慈安性情和悦，不似慈禧之严厉，故得幼帝之亲爱。帝年尚幼，任其天真而动，常往东宫，与慈禧较疏……且有人进谗言，东宫阴令帝反对慈禧。"

虽然都是太后，但慈安太后为嫡，慈禧太后为庶，按照封建礼制，嫡尊庶卑，尽管慈禧太后年长慈安太后两岁，也不得不称慈安太后为"姐姐"。慈安太后虽然不热衷于掌控朝政权柄，但她对慈禧太后却有一种无形的威慑。凡是遇到朝政大事，慈禧太后都要征询慈安太后的意见，不敢擅自主张；慈禧太后虽然喜尚奢华，但慈安太后在世时，她还不敢尽情地放肆私欲。慈安太后崩逝后，慈禧太后便无所顾忌，挥霍无度，甚至占用海军经费修建颐和园。

不管怎样，慈安太后的崩逝对慈禧太后来说是一大解脱，慈禧太后在争夺权力的路上少了一个绊脚石。从此，清朝由东西两宫垂帘听政的统治格局变成了由西宫慈禧太后大权独揽,慈禧太后成了清朝实际意义上的最高统治者。

1881年(光绪七年),慈安太后的灵柩葬于昌瑞山(位于河北省遵化市)南麓偏西之普祥峪定东陵。慈安太后崩逝后,光绪帝失去了宫中唯一可以亲近的年长女性,失去了一位有力的保护者,他的处境更加艰难了。对此,有书评论道:"载湉之困厄,乃由此始。"

第四节　中法矛盾,国难不止

1882年(光绪八年),光绪帝11岁。这年年底,翁同龢被任命为军机大臣,他每天除到书房为光绪帝授课外,还要阅读奏折,参与朝廷政事,为朝廷建言献策。翁同龢还经常向光绪帝通报国事,并指导他如何看奏折。渐渐地,光绪帝了解到紫禁城之外的国家局势,了解到列强正加紧侵略步伐,大清边疆危机加深,战云笼罩。

这些事情深深触动了光绪帝的心灵,他偶尔也对时事发表一些自己的看法。

19世纪六七十年代后,一些强大的资本主义国家在全球范围内掀起了争夺殖民地的高潮,闭关锁国、唯我独尊的大清也成为它们掠夺的目标,边疆狼烟四起。继1874年(同治十三年)日本入侵中国台湾之后,法国又逼迫越南政府签署《第二次西贡条约》,否定中越间的藩属关系。此后,法国加快侵略越南的步伐,对中国的威胁也逐渐增大。英国也于1876年(光绪二年)逼迫清政府签订《中英烟台条约》和《入藏探路专条》,将侵略的"魔爪"伸到中国西藏、云南、青海、甘肃等边远省份。与此同时,中亚浩罕汗国和沙俄也开始蚕食中国新疆。

19世纪70年代末80年代初,法国加快了侵占越南北圻的步伐,形势日益紧张。驻法公使曾纪泽多次照会法国外务部，声明越南为中国属邦，法国外务部对曾纪泽的照会搁置不复。越南与中国存在直接的利益关系，越南也请求大清向法国确认其为中国的藩属，维护其权益。因此，法越之间的问题，就成了中法之间的问题。然而，当时的清政府并无实力与法国对抗，想要维持住藩属关系和大国形象，都是极为困难的。

1882年（光绪八年）3月，法军突然进攻越南河内，形势骤然恶化。5月30日，清政府指示滇粤各军"乘时合力经营，毋落后着"，守于城外，但清军没有贸然与法国产生直接冲突。法国一边向越南大肆调兵遣将，迅速向越南北部推进，威胁大清边境；一边利用外交手段向清政府施压，企图逼迫清政府屈服。驻扎在中越边界的黑旗军自发地向越南伸出援助之手，对法国侵略军进行了沉重的打击。在这种情况下，清政府中翁同龢、李鸿藻等军机大员与一些地方官员，如两广总督张树声、两江总督左宗棠、山西巡抚张之洞（后升任两广总督）、驻法公使曾纪泽等人，主张积极备战，阻止法国入侵中国。

然而，作为清政府的最高掌权者，慈禧太后害怕战事扩大，她只想苟且偷安，于1883年5月1日（光绪九年三月二十五日）委托李鸿章全权处理中法事宜，命其"相度机宜"。李鸿章对慈禧太后的旨意心领神会，也认为对法国开战于大清不利，主张与法国和谈。他不仅无视越南的求援，而且置朝廷主战派官员的强烈呼声于不顾，只想向法国妥协求和。8月，越南的都城顺化被法军攻陷，被迫同法国签订了《顺化条约》，越南已完全处于法国的控制下。

从9月开始，李鸿章与法国公使脱利古展开了谈判。脱利古见李鸿章求和心切，便趁机相逼，向李鸿章提出了一系列无理的条件，诸如要求清政府同意把越南置于法国的"保护"之下，裁撤黑旗军，在云南开辟与越南相通的通商口岸等。脱利古还以扩大战争为借口，对李鸿章进行威胁。

9月24日，慈禧太后召见军机大臣，商讨如何应对法国的侵略，主战派与主和派各执己见，议论纷纷。翁同龢、李鸿藻、张树声等人主张对法国采取强硬态度，不向法国妥协。翁同龢在教授光绪帝之余，曾向光绪帝透露中越边界的局势。面对法国的步步紧逼，光绪帝流露出焦急和忧虑的情绪。

在做战争准备的同时，以慈禧太后为首的主和派仍在继续寻求与法国议和。1884年5月11日（光绪十年四月十七日），李鸿章代表清政府与法国代表签署《中法简明条约》，清政府承认法越已签订的所有条约，双方维持现状。至此，这场战争本该结束，但法国不等清军撤出，便急于接管北圻，致使双方在越南谅山附近观音桥发生冲突，这就是观音桥事件。法国趁机勒索清政府，要求清军立即从北圻撤兵、赔款二亿五千万法郎，否则就要占据中国的一二个港口作为赔款抵押，清政府派两江总督曾国荃到上海与法国公使谈判。

8月16日，法国议会授权茹费里政府"使用各种必要方法"使清政府屈服，并拟定新条件，要求清政府赔款8000万法郎，十年付清。清政府没有接受。8月23日下午，法国军舰突然驶入马江向福建水师发起进攻，福建水师几乎全军覆没，损失极为惨重。

马江海战惨败，激起国人极大的愤怒。在残酷的战败事实和朝廷内外的强大压力下，8月26日，清政府向法国宣战。

9月，法军进犯台湾，刘铭传率部将其击退。法军进攻不利，调集远东全部舰只对台湾海峡实施封锁。在中国西南边境战场，法军也不断增派军队，新任两广总督张之洞起用老将冯子材。在冯子材的带领下，清军取得镇南关大捷，中法战局形势开始扭转。1885年（光绪十一年）3月底，法军战败的消息传至巴黎，巴黎陷入一片混乱之中，策划这场侵略战争的茹费里政府当即倒台，总理茹费里引咎辞职。

由于法国的行动影响了英国在华利益，1885年1月初，英国政府命令赫德代表英方对中法两国进行调停。镇南关大捷之后，在李鸿章等主和派官员的建议下，慈禧太后同意派使者赴巴黎与法国仓促签订停战协定，结束了这场战争。6月9日，慈禧太后又派李鸿章在天津与法国公使签订了求和条约《中法新约》。条约约定清政府承认法越订立的一切条约；中法两国派人共同勘定中国和越南北圻的边界；在中越边境开设两处通商口岸，允许法国商人在此居住并设立领事馆；日后中国修建铁路应同法国一起商办；同意法国在云南、广西的中越边界通商，减少其通商税。

《中法新约》的签订，断送了中国军民用鲜血赢来的胜利成果。中法战争，中国"不败而败"，法国"不胜而胜"，上演了中外战争史上罕见的一幕。清政府懦弱、妥协、腐朽的面目暴露无遗，中国人民的灾难从此愈加深重了。

在这场战争的波涛中，光绪帝还不是一个举足轻重的角色，但这场战争让光绪帝的内心受到了震撼，他的思想和观念发生了巨大的变化，救国图强的政治抱负在他的心中孕育着。

第五节 奕䜣被逐，光绪震动

自从慈安太后崩逝后，慈禧太后就成了光绪帝在宫中的唯一监护人，她也加快了专擅朝政、实行独裁统治的步伐。但是，还有一个人对她的独裁统治有所妨碍，那就是恭亲王奕䜣。

奕䜣在辛酉政变中表现突出，立有大功，受到两宫太后的信任和器重，被委以重任，不仅以议政王和领班军机大臣的身份总揽朝政，而且还担任总理衙门大臣，掌握外交、教育、路矿、通商等方面的大权。在奕䜣身边，聚集着军机大臣文祥、文华殿大学士桂良、太子太傅宝鋆以及兵部侍郎胜保等人,他们组成了一个强大的政治集团,奕䜣的权势、声望已经达到了顶峰。

奕䜣虽然能力出众,但狂妄自大、刚愎自用,他对慈禧太后强势干政日益反感,希望能实行"后宫不得干政"的大清祖制。每当与两宫太后临朝议政时,奕䜣总是侃侃而谈,说应当如何调兵拨款、该升谁的官、该撤谁的职,说完之后就请两宫太后表态。慈安太后不热衷政治,自然不会对奕䜣的做法有什么看法,但对于嗜权如命的慈禧太后来说,奕䜣的做法令她难以忍受。

1865年(同治四年)4月,在慈禧太后的幕后支持下,翰林院编修蔡寿祺等人联名上疏弹劾奕䜣,指责奕䜣揽权纳贿、徇私骄盈。慈禧太后以此为借口,以同治帝的名义颁发懿旨,宣布"恭亲王着毋庸在军机处议政,革去一切差使,不准干预公事",免去奕䜣的议政王和其他一切职务。

懿旨一出,举朝哗然,王公大臣和官员学士纷纷要求朝廷重新起用奕䜣。慈禧太后清楚奕䜣比顾命八大臣难对付得多,他在朝堂深得人心,想拔除奕䜣的势力绝非易事,于是顺水推舟,传旨召见奕䜣加以抚慰。奕䜣明白慈禧太后对他不满,于是放低姿态,双膝跪地,痛哭谢罪。慈禧太后恢复了奕䜣的职务,但褫夺了他"议政王"的封号。为了进一步削弱奕䜣的权力,慈禧太后开始重用奕譞,于1872年(同治十一年)进封奕譞为醇亲王。

中法战争期间,慈禧太后终于找到了再次打击奕䜣的机会。

中法战争初期,以奕䜣为首的军机处显得过于谨慎,是战是和主意不定,进退失据,以至于法军步步紧逼,清军非常被动,不断遭遇惨败。慈禧太后和满朝大臣都对军机处的作为非常不满,甚至感到愤怒。1884年4月3日(光绪十年三月初八),慈禧太后召开御前会议,对奕䜣等人更是直言不讳:"边防不靖,疆臣因循,国用空虚,海防粉饰,不可以对祖宗。"她将清军战败的责任推给奕䜣及其所代表的军机处，指责军机大臣因循守旧，应对战争不得力，不惩办无以面对祖宗。

4月8日，慈禧太后越过军机处和内阁，直接颁下懿旨，宣布将以奕䜣为首的全体军机大臣一概革职。奕䜣被革去一切职务，并撤去恩加双俸，令"家居养疾"，宝鋆"原品休职"，李鸿藻、景廉降二级调用，翁同龢革职留任，退出军机处，仍在毓庆宫行走，教光绪帝读书。同一天，慈禧太后又以光绪帝的名义颁布谕旨，宣布由礼亲王世铎、内务府大臣额勒和布、户部尚书阎敬铭、刑部尚书张之万、工部左侍郎孙毓汶组成新的军机处。

4月9日，慈禧太后颁布懿旨，宣布"军机处遇有紧要事件，着会同醇亲王奕譞商办"，这样，奕譞成了军机处的首席军机大臣。另外，慈禧太后又委派庆郡王奕劻主持总理衙门。

这一年为农历甲申年，这次政治变动被称为"甲申易枢"。对于这次政治变动，光绪帝虽不能够清晰地理解，但也隐隐约约感觉到了朝堂之中钩心斗角、互相倾轧的血腥气氛，内心受到了极大的震动。一段时间内，他的情绪波动激烈，无心读书。强敌压境，朝政日非，内忧外患，国难深重，渐渐长大的光绪帝虽想展翅奋飞、重振国威，但又深深感到力不从心、无可奈何！

第三章 有名无实，艰难曲折亲政路

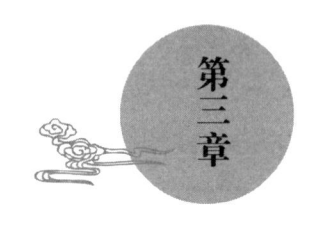

紫禁城内，光绪帝一天天长大，朝野中要求光绪帝亲政的呼声日益强烈，然而贪恋权势的慈禧太后迟迟不愿归政。在采取为光绪帝操办婚事、撤换军机处大臣、打击谏臣等一系列措施后，慈禧太后才于1889年（光绪十五年）春为光绪帝举办了亲政大典，名义上虽还政于光绪帝，实际上仍将朝政大权掌控在自己的手中。

第一节　巧立名目，慈禧训政

清朝定都北京后的第一位皇帝顺治帝6岁登基，13岁亲政；第二位皇帝康熙帝8岁登基，也是13岁亲政。此后的几代皇帝直到咸丰帝，继位时已非幼年。接下来的同治帝6岁继位，但是直到17岁时才开始亲政，这固然与慈禧太后贪恋权势有关，但主要原因还是同治帝顽劣成性，荒废学业，亲政之前仍然不能通读奏折，各方面都不具备作为一国之君的特质。

到了中法战争后的1886年（光绪十二年），光绪帝15岁，已进入了英姿勃发的青少年时期。此时，光绪帝的学习生涯已经历经十个春秋。热爱读书的光绪帝，不仅在学问上进步显著，而且论断古今、剖决是非的分析判断能力也有了极大的提高。尤为重要的是，光绪帝对朝政表现出日益浓厚的兴趣，已经能够轻松自如地阅览奏章。

这一切均表明，此时的光绪帝已经初步具备了独立执政的素质和能力，亲政一事本该不容置疑地提上清政府的重大议事日程。但是，慈禧太后专权独断的强硬手腕和排斥异己的行事风格，让大臣们噤若寒蝉，光绪帝亲政的事情没有人敢提及。

11年前，慈禧太后立载湉为帝时为平息舆论，笼络人心，曾公开作出"一俟嗣皇帝（光绪帝）典学有成，即行归政"的保证。时至今日，光绪帝典学已成，归政一事，无论是按照封建礼法、清朝祖制，还是依照光绪帝的学识、德行，慈禧太后都没有理由不让光绪帝亲政了。

然而，慈禧太后视权力比生命还重要，为了攀上大清权力的最高峰，她费尽心机、历经艰险，好不容易才走到今天这一步，现在让她完全放弃手中大权，她岂能心甘？因此，为了维护地位和权力，继续在朝廷中扮演最高统治者的角色，慈禧太后开始为还政于光绪帝后仍能继续操纵朝政做准备。前面所说的"甲申易枢"也是出于此目的。通过大范围地更换主政大臣，慈禧太后将自己的亲信安插在军机处和总理衙门，这样，她就可以通过这些亲信挟制光绪帝按她的意志行事，确保她在卷帘归政后仍能在幕后操纵朝政，继续对满朝大臣发号施令。

为了确保在还政于光绪帝后仍能操纵朝政大权，慈禧太后又自编自导了一出变"归政"为"训政"的闹剧。

1886年7月11日（光绪十二年六月初十），慈禧太后与光绪帝在养心殿召见了醇亲王奕譞、礼亲王世铎以及其他几位领班军机大臣。慈禧太后当众表示，皇帝现在典学有成，按照当年的约定，她今后将不再垂帘听政，卸任隐退，颐养天年，将大清政务处置权还给皇帝。

奕譞既觉得意外又感到惶恐，他自然明白慈禧太后必然不会如此轻易地放下权柄，于是赶忙跪下，恳求慈禧太后收回成命，并示意光绪帝也赶快跪下请求太后缓行归政。世铎等军机大臣也在一旁随声附和。但是慈禧太后不为所动，当天就颁发懿旨，命钦天监选择吉期，自己择期归政，于明年举行皇帝亲政典礼。

懿旨一出，朝野上下大哗，王公大臣议论纷纷。他们当然了解慈禧太后留恋权柄，只是不知慈禧太后葫芦里卖的是什么药——是真的要归政，还是另有图谋？尤其是光绪帝的父亲醇亲王奕譞更是忧心忡忡，依据自己与慈禧太后多年打交道的经验，他深知慈禧太后性格怪异，平日里翻手为云、覆手为雨，无法洞察她内心的真正意图。

当晚，翁同龢走访了军机大臣孙毓汶，两人商量后由翁同龢草拟了一份劝说慈禧太后暂缓归政的奏折。次日，翁同龢将奏折呈给奕譞、世铎、奕劻及诸位军机大臣，经商讨，大家一致认为，一方面应尊重慈禧太后的决定，同意皇帝亲政；另一方面建议慈禧太后不妨考虑一个归政过渡期，在未来几年内逐步将权力交给光绪帝。

朝廷重臣的态度往往能决定事情的走向，但没有人敢在这个时候当个不合时宜的"忠臣"。7月15日，经过一番紧锣密鼓的准备后，王公大臣们或单独上奏，或联名上奏，纷纷要求慈禧太后收回成命，暂缓归政。

奕譞上奏主张："王大臣等审时度势，合词吁恳皇太后训政……俟及二旬（20岁），再议亲理庶务……臣愚以为归政后，必须永照现在规制，一切事件，先请懿旨，再于皇帝前奏闻，俾皇帝专心大政，博览群书。"礼亲王世铎等人以军机处的名义上呈的奏折，主张"（慈禧太后）训政数年，于明年皇上亲政后，仍每日召见臣工，披览章奏，俾皇上随时随事亲承指示"。

第三章 / 有名无实，艰难曲折亲政路

王公大臣为避免危及自身，也为了维护自己的既得利益，纷纷表态，要求慈禧太后暂缓归政。关于此事，英国人濮兰德、白克好司合著的《慈禧外纪》一书给出评价："凡太后所用之人，皆有不安之意。恐帝亲政之后，不能保其权位也。以是之故，太后下谕归政，而上奏请延长垂帘之期者甚众。"也就是说，慈禧太后此时心中想的是什么，已经是不言而喻的事情了。

面对王公大臣的恳求，慈禧太后心中窃喜，但她却不露声色，只是故作姿态地又颁下一道懿旨，明确表示："该王大臣等所请训政数年及暂缓归政之处，均毋庸议。"并且又一次重申，皇帝亲政的典礼于明年正月十五举行。自然，王公大臣又照例上奏恳求慈禧太后万勿推辞，暂缓归政，代摄朝政，上奏队伍中又加上了锡珍、贵贤等人。

作为光绪帝的老师，翁同龢也感到很为难，他一方面希望光绪帝能尽早亲政，整顿朝纲，革除弊政；另一方面他也深知慈禧太后的势力树大根深，此时过多地争取权力，反而对这位年轻的皇帝不利，不如暂缓些时日。于是，他趁着上课的机会，劝说光绪帝和诸位大臣一起恳请太后训政。光绪帝听从了老师的建议，向慈禧太后表明了心迹，挽留慈禧太后训政。

慈禧太后等的就是光绪帝的态度。她见时机已经成熟，一改先前的态度，爽快地答应了王公大臣们的请求。7月19日，慈禧太后颁下懿旨。

> 国家值此时艰，饬纪整纲，百废待举。皇帝初亲大政，决疑定策，实不能不遇事提撕，期臻周妥。既据该王大臣等再三沥恳，何敢固执一己守经之义，致违天下众论之公也。勉允所请于皇帝亲政后再行训政数年。

慈禧太后明明想要继续垂帘听政，又唯恐天下人议论，便将她继续

垂帘听政的原因归结为王公大臣的再三恳求,她是为了不违天下公论,不得已而为之。这种玩弄权术、操纵朝政的手段实在是高明!

无论如何,慈禧太后最终达到了她的目的。至于如何训政,她早已心中有数,在她的授意下,礼亲王世铎牵头起草了一份《训政细则》。在这份细则中,除了祭祀、问安等礼仪依然按照垂帘听政的旧制实行,在施政上做了如下规定:

一、凡遇召见引见,皇太后升坐训政,拟请照礼臣会议,暂设纱屏为障。

二、中外臣工呈递皇太后、皇上安折,应请恭照现式预备,奏折亦恭照现式书写。

三、近年各衙门改归验放验看开单请旨及暂停引见人员,拟请循照旧制,一律带领引见,仍恭候懿旨遵行,排单照现章预备。

四、乡会试及各项考试题目向例恭候钦命者,拟请循照旧制,臣等进书恭候慈览,择定篇页,请皇上钦命题目,仍进呈慈览发下。

五、内外臣工折奏应行批示者,拟照旧制均请朱笔批示,恭呈慈览发下。

从细则中可以清楚地看出,虽然慈禧太后还政于光绪帝,但光绪帝没有任何自行决定和独立施政的空间,一切大事都要按慈禧太后的意图行事,如"恭候懿旨遵行""恭候慈览""进呈慈览发下""恭呈慈览发下",光绪帝要颁发谕旨,必须先将谕旨送给慈禧太后过目,征得慈禧太后的同意才能奏效。显而易见,由垂帘听政到训政,只不过是改换了一下名字而已,并无实质上的改变。如果真要说有什么改变,那就是以前慈禧太后垂帘听政是用"帘"(黄幔)遮其尊容,训政后改为以"纱屏为障",仅此而已。

《训政细则》的颁布，为慈禧太后继续执掌朝政披上了合法的外衣，慈禧太后以"训政"之名，将光绪帝牢牢地置于她的控制之下，由她继续掌握实权。此后，清政府中慈禧太后的主宰地位和光绪帝的傀儡地位正式确立。"亲政"成了一句面子上的空话，也让光绪帝这个爱新觉罗子孙成了一个笑话。

第二节 光绪选后，慈禧包办

1888年（光绪十四年），光绪帝17岁，他的婚姻大事提上了朝廷议事日程。

在古代帝王中，17岁还没有大婚已经是奇事一桩了，这不能不引起满朝大臣和民间百姓的关注。古代男女的婚姻多由父母做主，光绪帝17岁还未纳娶，显然与慈禧太后有关。人们不禁要问：慈禧太后究竟何时才允许光绪帝选后成婚呢？

慈禧太后之所以迟迟不给光绪帝操办婚事，无非是恋栈权位。因为光绪帝一旦纳娶，就标志着他不再是个孩子，接下来就要真正亲政了，之后，慈禧太后连训政的理由也没有了。但是，光绪帝的晚婚已经成了慈禧太后必须解决的事情，光绪帝的婚事已经不能再拖延了。

1888年（光绪十四年）1月，慈禧太后颁发懿旨，决定成立筹办光绪帝大婚典礼的礼仪处，由醇亲王奕譞领衔率领总管内务府大臣福锟等人筹备光绪帝大婚典礼的具体事宜，大婚典礼所需物品先报大婚礼仪处审批，再请旨置办。

2月，慈禧太后再颁懿旨，命令户部筹拨银两，为光绪帝预办婚事。6月，慈禧太后又一次颁下懿旨，规定"皇帝大婚典礼着于明年正月内举行，所有应行一切礼节，着传知礼部敬谨详定，拟送交大婚礼仪处，由礼仪处随时恭进呈览"。

7月27日，慈禧太后颁发了为光绪帝举行大婚及亲政典礼的懿旨："两年以来，皇帝几余典学，益臻精进，于军国大小事务，均能随时剖决，措置合宜，深宫甚为欣慰。明年正月大婚礼成，应即亲裁大政，以慰天下臣民之望。"

对于慈禧太后的安排，光绪帝没有推辞，他向慈禧太后表示对于朝政自己将"兢兢业业，尽心经理"，以报答慈禧太后多年来对自己的抚育教诲之恩。

9月3日，慈禧太后又颁发懿旨："皇帝大婚典礼，定于光绪十五年正月二十七日（1889年2月26日）举行。"荒唐的是，尽管光绪帝大婚的日子已经敲定，可是皇后是谁仍是一个谜。选谁为皇后，由不得光绪帝做主，慈禧太后从头至尾一手包办了光绪帝的婚事。慈禧太后的懿旨一发，户部便开始紧张地忙碌起来，要为光绪帝举办一场声势浩大的选秀活动。

清朝皇宫的选秀活动始于顺治年间，每3年进行一次，参加选秀的女子为13~17岁、身体健康的八旗官员女儿，由户部负责。到了选秀年份，先由户部行文八旗各都统衙门、直隶和各省驻防八旗及外任旗员，然后由八旗各级官员将应选女子的资料逐级上报至都统，再由户部汇总上奏皇帝，敲定选秀日期，最后户部再行文各旗告知选秀时间。

在为光绪帝举办的这场选秀活动中，经过层层筛选，共有5名秀女入围，她们分别是慈禧太后的亲侄女、副都统桂祥二女儿叶赫那拉·静芬；江西巡抚德馨的两个女儿；礼部左侍郎长叙的两个女儿。但人选似乎已定。

11月8日，体和殿内张灯结彩，在慈禧太后的主持下，光绪帝要从这5名秀女中选定后妃。

第三章 / 有名无实，艰难曲折亲政路

> 西后（慈禧）为德宗（光绪帝）选后，在体和殿，召备选之各大臣小女进内，依次排立，与选者五人，首列那拉氏，都督桂祥女，慈禧之侄女也即隆裕。次为江西巡抚德馨之二女，末列为礼部左侍郎长叙之二女。
>
> 当时太后上坐，德宗侍立……前设小长桌一，上置镶玉如意一柄，红绣花荷包二对，为定选证物（清例，选后中者，以如意予之。选妃中者，以荷包予之）。西后手指诸女语德宗曰："皇帝，谁堪中选，汝自裁之，合意者即授以如意可也。"
>
> 言时，即将如意授与德宗。德宗对曰："此大事当由皇爸爸主之（据宫监谓，当时称谓如此）。子臣不能自主。"太后坚令其自选，德宗乃持如意趋德馨女前，方欲授之，太后大声曰："皇帝！"并以口暗示其首列者即慈禧侄女，德宗愕然，既乃悟其意，不得已乃将如意授其侄女焉。太后以德宗意在德氏女，即选入妃嫔，亦必有夺宠之忧，遂不容其续选，匆匆命公主各授荷包一对与末列二女，此珍妃姊妹之所以获选也。

据说这个故事是由当时宫中太监唐冠卿亲口说与外人听的，虽然细节上的真实性有待考证，但是故事描述的慈禧太后的言行举止非常符合她本人一贯的风格。从史料记载来看，结果也与故事描述一致。后妃选阅活动一结束，慈禧太后连下两道懿旨："兹选得副都统桂祥之女叶赫那拉氏，端庄贤淑，着立为皇后。特谕。""原任侍郎长叙之十五岁女他他拉氏，着封为瑾嫔；原任侍郎长叙之十三岁女他他拉氏，着封为珍嫔。"至此，光绪帝的后妃人选尘埃落定。

清朝皇帝的后妃有皇后、皇贵妃、贵妃、妃、嫔、贵人、常在、答应八个等级，桂祥之女一跃登顶，主宰后宫，即隆裕皇后。长叙的两个女儿达到妃嫔一级。懿旨中只公布了长叙两个女儿的年龄，而没有公布

桂祥之女的年龄，这是为什么呢？因为桂祥之女出生于1868年2月3日（同治七年正月初十），至光绪帝选秀时已经20岁，比光绪帝还大3岁。按照清朝选秀的惯例，秀女的年龄应为13~17岁，桂祥之女参加选秀就已经是违制之举，何谈能立为皇后呢？慈禧太后就是通过选秀入宫的，对清朝的选秀制度应当一清二楚。由此可以看出，懿旨中忽略桂祥之女的年龄，很可能是慈禧太后有意为之，担心公布真实年龄会招致外界的非议，指责她出于私心，将自己的亲侄女选为光绪帝的皇后。

慈禧太后强行将自己的亲侄女指给光绪帝做皇后的意图也十分明显，一是为了提高叶赫那拉氏家族的地位，二是她也想借此在光绪帝身边安插心腹，彻底掌握光绪帝的一举一动，继续操纵皇权。

就外貌而言，慈禧太后的侄女叶赫那拉·静芬实在与"母仪天下"四字相去甚远，毫无女性妩媚秀气之美。美国人赫德兰在他的《一个美国人眼中的晚清宫廷》一书中对隆裕皇后的外貌有这样的描述："隆裕皇后长得一点都不好看，她面容和善，常常一副很悲伤的样子。她稍微有点驼背，瘦骨嶙峋，脸很长，肤色灰黄，牙齿大多是蛀牙。"而光绪帝面如冠玉、眉清目秀、举止雍容，一副美男子的长相，两人实在难以相配。爱美之心，人皆有之，何况光绪帝此时正处于情窦初开的年龄，又是一国之君，他不喜欢叶赫那拉·静芬也在情理之中。

瑾嫔与珍嫔（后分别晋升为瑾妃与珍妃）两姐妹，姓他他拉氏，满洲镶红旗人，其祖父裕泰在道光、咸丰年间曾任湖广、闽浙总督，伯父长善在同治及光绪初年曾任广州将军。瑾嫔为姐，生于1874年9月30日（同治十三年八月二十日）；珍嫔为妹，生于1876年（光绪二年）。二人虽为同胞姊妹，但相貌、性格相差很大。瑾嫔体态臃肿，相貌平平，光绪帝也不喜欢她，她一生默默无闻，作为后宫里的一个陪衬角色度过了一生。珍嫔聪明漂亮、乖巧伶俐、兴趣广泛、擅长书画，深受光绪帝的喜爱。她入宫后犹如一缕阳光照进了光绪帝的内心，为常年受慈禧太后压制、心情抑郁苦闷的光绪帝带来了新的希望，激起了光绪帝对未来的憧憬。

第三节 宫中大火，不改奢靡

慈禧太后虽然干预了光绪帝立后选妃的决定，但是对光绪帝的婚礼她还是极为重视的。她想把光绪帝的婚礼办得隆重些，让亲侄女风风光光地嫁进来。

光绪帝的后妃选定后，内务府、户部、礼部立即着手筹办光绪帝的大婚典礼。按照规定，皇帝的婚礼分为婚前礼、婚成礼和婚后礼三个部分。

1888年12月4日（光绪十四年十一月初二）午时（上午11点至下午1点）首先举行纳采礼。

所谓"纳采礼"，就是向皇后娘家赠送采礼时举行的仪式，也就是民间所说的"订婚礼"。正使礼部尚书奎润、副使户部尚书福锟在太和殿前进行完一系列礼仪后，率领仪仗队抬龙亭、牵马匹，浩浩荡荡地出东华门，直奔皇后娘家所在地——朝阳门内方家园胡同的桂公府。礼物中主要有文马（文马指披挂鞍辔的马匹，不披挂鞍辔的马匹称闲马）4匹、鞍辔10副、甲胄10副、缎100匹、布200匹以及金银茶筒等物，这些礼物由内务府预先备办。皇后父母跪迎来使，接收纳采礼。傍晚，桂祥在家中举行盛大的纳采宴会，答谢众人。

1889年1月5日（光绪十四年十二月初四）午时，举行大征礼。

所谓"大征礼"，就是光绪帝正式向皇后娘家下聘礼，或者说是送大婚的采礼。皇帝赠给皇后的礼物主要有黄金200两、银1万两、金茶桶1具、银茶桶2具、银盆2只、缎1000匹、文马20匹、闲马40匹、驮甲20副等。桂祥率家人面北而跪，行三跪九叩礼，以感谢皇帝厚赐采礼。

一切都按照慈禧太后的意愿，依照既定程序和时间进行。然而，就在朝廷上下日夜盼望着光绪帝大婚的那一天尽快到来时，一件意外的事情发生了！1月16日，也就是大征礼举行后的第11天，半夜时分，紫禁城里突然燃起了一场大火，烧毁了太和殿前的太和门。

　　作为这场大火的见证者之一，光绪帝的老师翁同龢在日记中详细地记载了大火发生的经过。夜里翁同龢正在熟睡的时候，仆人急匆匆地将他唤醒，告诉他宫中失火了。翁同龢连忙起床，急速备车赶往紫禁城，当他到达贞度门前时，发现火势很大，热浪逼人，贞度门的屋顶已经被烧塌，墙和柱子还在燃烧。大火持续燃烧了两天两夜，直到18日才被扑灭。

　　火灾发生后，刑部立即审讯了贞度门的值班人员，查出火灾的真相。原来，在贞度门值班的两位年老护军富山、双奎熬到半夜，忍不住打起瞌睡。但是按制度规定，值班处不许熄灯，于是二人便把一盏油灯挂在檐柱上就去睡觉了。结果，灯壁被烧毁，点燃檐柱，火借风势，酿成大祸。

　　这次火灾来势汹汹，贞度门、太和门和昭德门等建筑付之一炬，附近的茶库、衣库、缎库、毡库等也几乎全被烧毁，损失惨重，难以估算。

　　火灾过后，慈禧太后心神不宁，寝食难安。宫殿失火有损皇家的颜面，而且也会被人们认为是上天示警，是个不吉利的兆头，慈禧太后担心朝廷内外会借机指责她揽权专断，说她骄奢淫逸，引起上天震怒，降下火灾以示惩戒。为平息舆论，笼络人心，慈禧太后以光绪帝的名义连下十几道圣旨，追究火灾肇事者的责任，双奎、富山被判处死刑，总管内务府大臣、步军统领等官员被降级、罚俸，令户部拨款奖赏救火者，另外又加赏文武百官、皇亲国戚，设宴款待外国驻京使节。同时慈禧太后还"自我反省"，下令暂停重修颐和园的部分工程。这样，这场大火造成的影响总算被遮掩过去了。

　　然而，火灾使光绪帝的婚事笼罩了一层阴影，宫中的喜庆气氛被冲淡了。更糟糕的是，根据钦天监择定的吉日，光绪帝大婚之日定在1889年2月26日（光绪十五年正月二十七日）早已昭告天下，眼下婚期已经近在眼前。按照清朝祖制，皇帝大婚时，皇后须坐轿从大清门进入紫禁城，按顺序通过太和门进入内宫，现在太和门被烧毁，皇后只能从偏门进入，这不仅不成体统，也很不吉利。

怎么办呢？现在重建太和门已经来不及了，更改大婚日期更是会让世人笑话。慈禧太后"急中生智"，作了一个破天荒的决定：令扎彩工匠日夜赶工，按太和门原样，用彩纸、丝绢裱糊，临时搭盖一座彩棚应急。于是，全北京的扎彩工匠都被召集到紫禁城内，在被烧毁的太和门附近，按太和门的原样搭建彩棚。

扎彩工匠们日夜赶工，半个月后，一座华丽威严的太和门被搭建起来了。这座假太和门高逾十丈，和真太和门并无二致，连鸱吻、雕饰、瓦沟等都十分相似，即使经常在紫禁城内当差的人也很难一眼看出它是假的。慈禧太后见太和门彩棚搭建顺利，感到十分欣慰：叶赫那拉氏的女人终于可以从紫禁城正门入宫，成为正宫皇后了！慈禧太后当年是通过选秀入宫为妃，只能乘坐一顶小轿从侧门神武门进宫，没有享受过从紫禁城正门入宫的待遇，这件事她耿耿于怀，因而对此事不肯低就。

可是，只顾抓权弄政、挥霍享受的她哪里会意识到，此时的大清就如同这纸扎的太和门彩棚一样，看上去威严气派，内里却已经腐朽、亏空，不堪一击了！

太和门彩棚搭建完毕，尽管皇后不是光绪帝喜欢的人，但是这场盛大的婚礼还是按照原定的程序如期举行。《大婚典礼全图册》完整记录了这场皇家婚礼的全过程，从婚前礼开始，光绪帝的一系列仪式就正式启动了。

婚礼的全过程包括：婚前礼——纳采、大征；婚成礼——册立、奉迎、合卺、祭神；婚后礼——庙见、朝见、颁诏、筵宴。

2月23日，皇后的妆奁（即嫁妆）自桂祥家中送入宫中，光绪帝的大婚典礼拉开序幕。当年同治帝大婚，皇后家的妆奁一共600抬，分6天运进皇宫。桂祥的家底不厚，除绸缎成衣、裘狐皮服、冠履靴鞋、珠宝首饰、生活器皿、实用家具等常规礼制嫁妆外，他另外送给光绪帝的礼物是两柄做工精致、小巧玲珑的金如意，装在一只漂亮的盒子里，所有妆奁由4位身穿彩衣的壮汉抬着。内务府和步军统领衙门派人沿途护送皇后的妆奁至宫中。

25日举行册立礼。

所谓"册立礼"，就是授予皇后象征其地位的金册（用金箔制成的册封诏书）与金宝（为皇后制作的黄金宝玺）的仪式。这天一大早，光绪帝先派官员告祭天地、太庙、奉先殿，然后到慈宁宫向慈禧太后行礼，行礼后亲临太和殿阅视金册、金宝，接着派遣大学士额勒和布为正使、礼部尚书奎润为副使，持金节、奉金册金宝前往皇后娘家册立叶赫那拉·静芬为皇后。正副使节接受金节、金册、金宝后，光绪帝回到内廷乾清宫东暖阁洞房中等候皇后的到来。

额勒和布、奎润率领仪仗队浩浩荡荡地出了太和门，经过午门、大清门，再绕道经地安门前往皇后娘家。紧随之后的是盛放金册、金宝的龙亭（香舆、香车），皇后的凤舆在16人抬护下列在龙亭之后。内务府官员已经在皇后娘家提前做好了准备，仪仗队到达后，额勒和布先向桂祥宣读迎娶皇后的制文，然后把金册、金宝分放在册案、宝案上，侍仪女官向皇后宣读册文、宝文，皇后接过金册、金宝后行三跪三拜礼，礼毕，册立大礼即告完成。

27日凌晨，皇后的凤舆经大清门中门、天安门外金水桥、天安门中门、端门中门、午门中门、太和门（纸棚太和门）中门、乾清门中门，于寅时（凌晨3点至5点）到乾清宫台阶前停下。在恭侍命妇的挽扶下，皇后走出凤舆，恭侍命妇随后接过皇后手中的苹果与金如意，同时又递给皇后一个宝瓶，宝瓶内装有珍珠、钱币等各种金银财宝。皇后怀抱宝瓶，走进乾清宫，跨过地上的火盆，然后出乾清宫改乘孔雀顶轿，穿过交泰殿前往坤宁宫，跨过坤宁宫门槛上的马鞍（马鞍下压着两个苹果，寓意平平安安），进入东暖阁洞房，与光绪帝行合卺礼（指夫妻交杯同饮，是古人结婚时喝交杯酒的仪式。卺，读作 jǐn）。与此同时，瑾嫔、珍嫔也由仪仗队经神武门迎入翊坤宫中。至此，光绪帝的大婚典礼就算基本结束了，此时天已经快亮了。

据说慈禧太后派了几位年长的王妃命妇躲在喜帐后听房，当晚光绪帝没有与隆裕皇后圆房。光绪帝本身就不喜欢表姐隆裕皇后，而慈禧太后却强迫自己娶表姐，这让他感到伤心和无助。没有感情基础的婚姻注定是不幸福的，大婚之后，隆裕皇后便被光绪帝冷落，后来两人愈发不和，不久隆裕皇后便和光绪帝分居，时间长达10年。光绪帝与隆裕皇后的婚姻从一开始就是名存实亡，隆裕皇后虽为一国之母，但进宫后并未获得一丝快乐。慈禧太后为了一己的利益，不仅毁了光绪帝的幸福，也造成了亲侄女的悲惨一生。

按照大清皇帝大婚的祖制，皇帝大婚之后三四天内，还要举行庙见礼、朝见礼、颁诏礼、筵宴礼等一系列活动，但光绪帝对这些已经毫无兴致。本来他就不喜欢这位皇后，可是敢怒不敢言，心中压着一股无名怒火。这场由慈禧太后出于自己的政治目的而一手包办的婚事，光绪帝一点也不感兴趣，连日来闷闷不乐，一副无精打采的样子。他觉得自己像一尊木偶一样，被人搬来拖去，心中惆怅不已。

婚后第4天，光绪帝压抑数日的情绪终于爆发了。他借口自己生病，把原定在太和殿宴请皇后家族成员和在京满汉大臣的筵宴礼撤销了，命人将宴桌分送给在京的满汉大臣，但是没有提到皇后的父亲和族人。很明显，光绪帝是想通过这种方式来发泄胸中的愤懑，表达他对这场包办婚姻的抗争和对慈禧太后的不满。至此，帝后失欢之事，天下皆知。

这场由慈禧太后一手操办的光绪帝的婚礼，极尽奢侈之能事，从内到外无不以最大规模和最豪华礼节操办，是清朝历代皇帝大婚中最为奢华的一次。这场大婚前后历时104天，据当时宫廷内部资料统计，大婚所花费的黄金、白银、制钱折算成白银为550万两，还不包括在京王公大臣和地方官员所送的贺礼。这550万两白银，由户部奉命筹拨350万两，地方各省摊派200万两，而为光绪帝和皇后置办的冠服、朝珠、器饰、妆奁、礼物等所花去的费用，就占了总费用的一大半。

以当时清政府的财政总收入来衡量，550万两相当于清政府一年财政收入的1/10，可见这场皇帝大婚之穷奢极欲，实在令人难以想象。为了满足个人永无休止的奢侈享乐欲，慈禧太后利用光绪帝大婚之机，向各省官员勒索钱财。官员为了交差，只能将费用转嫁到百姓头上，强行向百姓加征税款，给百姓带来了沉重的负担。

要知道，光绪帝大婚时，正值中法战争结束不久，大清已处于内忧外患、风雨飘摇的危险境地。西方列强不断侵掠瓜分，大清山河破碎，民不聊生，各地又频发水灾、旱灾，天灾人祸不断，而慈禧太后却无视民生艰难，只顾自己的体面。这场气派的婚礼，也加剧了社会矛盾，加速了清朝的灭亡。

第四节　光绪亲政，慈禧揽权

光绪帝大婚后，于情于理，慈禧太后都必须归政了，结束所谓的训政，将朝政大权交还给光绪帝。

根据钦天监的测算，光绪帝的正式亲政大典定在1889年3月4日（光绪十五年二月初三），即光绪帝大婚后第6天。

这天清晨，北京天空像一面镜子一样晴朗，没有一丝灰尘。光绪帝的亲政大典在紫禁城中隆重举行，他身穿皇帝礼服，率王公大臣向慈禧太后行三跪九叩大礼，目送慈禧太后离座回宫，然后率众臣前往太和殿。此时旌旗招展，乐曲大作，光绪帝缓步登上太和殿宝座，音乐停止。御前太监在丹陛上鸣鞭三下，上千名官员在丹陛和广场上如同潮水一样起伏跪拜。

在长达9个小时的亲政大典中，光绪帝一直精神焕发、神采奕奕。翁同龢激动得热泪盈眶，欣喜地在当天的日记中记载："仰瞻天颜，甚精彩也！"

对大清的无数臣民来说，这是一个具有历史意义的时刻。人们期待这位颇具明君风范的新皇帝能够像他的祖先一样，带领大清摆脱困境，重现康乾时代国泰民安、万国来朝的盛世荣光。

光绪帝亲政，慈禧太后也松了一口气，但是这并不意味她甘心从此离开大清的政治舞台，愿意将手中的大权放得一干二净，从此隐居幕后，颐养天年。嗜权如命的慈禧太后，早在光绪帝大婚之前就在为"退休"后继续揽政积极地做着一系列的准备工作。

1889年1月2日（光绪十四年十二月初一），在慈禧太后的授意下，礼亲王世铎等人拟定了一个关于光绪帝大婚后亲政的临朝办事"条目"，其要点如下：

> 临雍经筵典礼，御门办事，仍恭候特旨举行；
> 中外臣工奏折，应恭书皇上圣鉴。至呈递请安折，仍应于皇太后、皇上前各递一份；
> 各衙门引见人员，皇上阅看后，拟请仍照现章，于召见臣等时请旨遵行；
> 武殿试向由兵部奏请皇上亲阅考试，拟请归复旧制办理。

这个条目史称《归政条目》，条目中规定光绪帝拥有审阅、批示中外大臣和使节上呈的奏折，以及主持武举考试的权力，但是行使皇帝权力仍有诸多限制。像"仍恭候特旨举行""仍应于皇太后、皇上前各递一份""拟请仍照现章（即训政规章）""请旨遵行"等规定，就是要求光绪帝在处理相关事宜、作出重要决定时仍要事先征求慈禧太后的意见。慈禧太后并没有将大权完全交给光绪帝，光绪帝亲政的背后依然有慈禧太后的影子。

1889年2月18日（光绪十五年正月十九日），光绪帝亲政在即，礼亲王世铎以"兹幸恭逢归政庆典，皇上亲裁大政，一切事宜归复旧制"为由，上奏请求朝廷免去自己的军机大臣要差。慈禧太后接到奏折后立即颁下懿旨，不同意世铎的请求，极力挽留世铎："现在归政伊迩，皇帝躬揽万机，正赖左右辅弼之臣尽力筹维，赞成郅治。该亲王自入直以来，恪恭尽职，机务悉臻妥协，朝廷深资倚畀，着照常入直，毋庸固辞。"慈禧太后对世铎的挽留，无疑是想保留她原先安插在军机处的一班亲信，以便她继续操纵朝政大权。

两天后，即2月20日，御史屠仁守上了一个奏折，声称："归政伊迩，时事方殷，请明降懿旨，外省密折、廷臣封奏，仍书皇太后圣鉴恳恩批览，然后施行。"

屠仁守的这道奏折暗含玄机，将慈禧太后置于一个两难的境地：如果同意屠仁守的奏折，则意味着自己公然挑战大清皇室祖制，极可能会遗臭万年；若不同意屠仁守的奏折，则意味着自己在归政的同时，必须彻底放权。同意不好，不同意也不好，慈禧太后进退两难，骑虎难下。

次日，慈禧太后颁发懿旨，严厉申斥屠仁守，声称"览奏殊深骇异，垂帘听政，本属万不得已之举……出令未几，旋即反汗，使天下后世视予为何如人耶"，并作出指示，"该御史此奏，既与前旨显然相背，且开后世妄测訾议之端，所见甚属乖谬。此事关系甚大，若不予以惩处，无

第三章 / 有名无实，艰难曲折亲政路

以为逞臆妄言乱紊成法者戒。屠仁守着开去御史，交部议处，原折掷还"。

屠仁守被革职，吏部官员们为他鸣不平，纷纷上疏要求暂革职务，之后补用。慈禧太后恼羞成怒，将吏部六位堂官及考功司（负责官员绩效考核的部门）掌印郎中全部罢免，对屠仁守则"永不叙用"。

但是慈禧太后又担心大臣们指责她独断朝纲、拒谏饰非，于是在2月21日又与光绪帝在养心殿东暖阁召见了翁同龢，就屠仁守上奏、归政等问题进行了一场对话，为自己"洗冤"。关于这场对话，翁同龢在他的日记中做了详细记载，现摘录部分内容如下：

> 慈禧太后首言昨屠仁守事。
>
> 翁对：御史（屠仁守）未知大体，然其人尚是台中之贤者。
>
> 慈曰：吾心事伊等全不知。
>
> 翁对：此非该御史一人之言，天下臣民之言也，即臣亦以为如是。
>
> 慈曰：吾不敢推诿自逸，吾家事即国事，宫中日夕皆可提撕，何必另降明发？
>
> 翁对：此诚然。
>
> 慈曰：吾鉴前代弊政，故急急归政，俾外人无议我恋恋。
>
> 翁对：前代弊政，乃两宫隔绝致然。今圣慈圣孝，融洽无间，亦何嫌疑之有。
>
> 慈曰：热河时肃顺竟似篡位，吾徇王大臣之请，一时糊涂，允其垂帘。
>
> 语次涕泣。
>
> 翁对：若不垂帘，何由至今日。
>
> ……

慈禧太后的一番"表白"无疑是不打自招——她之所以急着要归政，

不过是怕外界议论她贪恋权力不肯松手罢了。另外，从慈禧太后归政后所住的地方来看，她也不是真心归政的。

清朝皇室有一祖制，先皇驾崩后，其后妃应移居慈宁宫或寿康宫，然而她却坚持入住宁寿宫（今故宫博物院文物陈列室）。

宁寿宫位于紫禁城东北部，明朝时这里只有稀疏的几座宫殿，是供太后、太妃养老的宫区。清朝康熙帝为了让皇太后颐养天年，于1689年（康熙二十八年）在这里建了宁寿宫。乾隆帝对宁寿宫进行了改建，改建后的宁寿宫建筑群宛如紫禁城的缩影，是紫禁城的城中之城。乾隆帝驾崩之后的百余年间，宁寿宫一直无人居住，原因是它似乎是专供给那位留恋权势的太上皇居住的地方。慈禧太后选中宁寿宫作为自己归政后的住所，显然是看中了它的象征意义：我可以归政，但不准备交权。

尽管在上一年春季，慈禧太后便不定期地入住耗巨资修建的颐和园，但是她在归政后初期，多居住在宁寿宫，这也从侧面说明了她是不愿从大清政治舞台的核心圈全面退出的。

从垂帘听政到训政，再从训政到归政，表面上看，慈禧太后是一步步地把大清的最高统治权移交给了光绪帝，但实际上，她通过一系列费尽心机的运作，仍然主导朝政事务，操纵着朝政大权，只不过换了一种方式而已。而光绪帝就像被慈禧太后操纵在手中的一只风筝，纵有凌云之志、冲天之技，仍难以摆脱慈禧太后的魔爪，只能做一位有名无实的傀儡皇帝。

第五节 奕譞去世，痛丧生父

自从1875年1月（同治十三年十二月）4岁的儿子载湉被慈禧太后强立为帝接入宫中后，醇亲王奕譞的身份和处境就变得非常尴尬了。此前，

第三章 / 有名无实，艰难曲折亲政路

他是载湉的父亲，与儿子朝夕相伴，享受天伦之乐；此后，他虽仍是载湉的父亲，但儿子与他之间却是君臣关系，他不能像过去那样以父亲的身份轻松而无拘束地对待儿子，而要以君臣之礼毕恭毕敬地参见儿子。

奕譞也安分守己，很少抛头露面，基本上过着隐居的生活。后来虽然受慈禧太后的委托，到宫中督促载湉读书，并参与一些朝廷事务，但奕譞时时处处表现低调，以比较消极的姿态参政，以免引起慈禧太后的猜忌。

这些年来，奕譞在慈禧太后的权势下一直提心吊胆地过着日子，战战兢兢，如履薄冰，不敢越雷池一步，对慈禧太后的一系列决策也是无条件地拥护支持。慈禧太后通过对奕譞多方试探，看出他确实没有政治野心，便放心将朝廷的一些重要事务交由他办理。1885年10月（光绪十一年九月），清政府设立海军衙门，慈禧太后任命奕譞总理海军衙门，负责节制沿海水师，这是奕譞权力鼎盛的时期。

奕譞虽然在海军建设方面认识有限，但在讨好慈禧太后方面却颇有良方。奕譞考虑到自己的儿子在宫中受慈禧太后掌控，不得不仰承慈禧太后的旨意，设法讨她欢心，于是串通李鸿章挪用海军经费修建颐和园，此事一直遭到朝中大臣的非议。1886年4月（光绪十二年三月），慈禧太后赏赐奕譞及其福晋坐杏黄轿，奕譞上疏请求慈禧太后收回成命，没有得到批准，不过他一直不敢乘坐。

由于常年挣扎在政治角斗的漩涡中，奕譞心力交瘁，终于病倒了。自1887年8月（光绪十三年七月）起，奕譞的病势日渐沉重，甚至"四肢不能转动"，从种种迹象来看，他将不久于人世。

1887年12月10日（光绪十三年十月二十六日），经王公大臣数次请求，慈禧太后总算开恩，携光绪帝到醇王府探视奕譞。据翁同龢日记记载，慈禧太后和光绪帝进入醇王府时，"邸以厚褥铺地，欲起跪而不能，欠伸而已……闻上初到府中，至花园游览，有愁容。最后出至书室，

与二位阿哥共处，曾落泪不怿。""邸见上，以太后于邸阅海（军）时所赐金如意付上，曰'无忘海军也。'上见邸，行拉手礼。"可见奕譞此时确实病得不轻了。这是光绪帝自4岁入宫后第一次回家，转眼之间已经过去13年了，往事已经模糊，光绪帝依稀记得当年家中的模样，如今物是人非，老父又身患重病，触景伤情，光绪帝不禁悲痛万分。

此后，慈禧太后又数次携光绪帝到醇王府探视，经过一番诊治，奕譞的病情逐渐好转。次年，原太平湖畔的醇王府按照清朝皇家祖制应当升为"潜龙邸"，醇亲王奕譞也应按照制度迁出，慈禧太后将什刹海后海北岸的一处府第赏给醇亲王奕譞居住。1888年（光绪十四年）9月，后海北岸的新醇王府开始整修，到次年下半年修府工程结束，奕譞携家人从旧醇王府迁至新醇王府居住，太平湖畔的旧醇王府被称作"南府"，后海北岸的新醇王府被称作"北府"。

1890年底，奕譞再次病倒，这次他没有幸运地摆脱病魔的纠缠，于1891年1月1日凌晨（光绪十六年十一月二十一日丑时）在醇王府病逝，心有不甘地闭上了自己的双眼，享年51岁。

奕譞病逝的消息传进内廷，正在勤政殿中召见大臣的光绪帝"嗷然长号"，放声大哭，不能自已，在场的翁同龢等人也失声痛哭，君臣泪目相对，呜咽无语……

奕譞病逝的当天上午，军机处便奉慈禧太后之命发下上谕，公开称奕譞为"皇帝本生父"，并对他的生平大加褒扬。又于当天下午责成军机处发布上谕，将奕譞的封号改为"皇帝本生考"。3日，军机处奉慈禧太后的懿旨发布上谕，特加奕譞谥号"贤"，全称是"皇帝本生考醇贤亲王"。

随后，慈禧太后携光绪帝，率领御前大臣、军机大臣、光绪帝老师、礼部官员等人前往醇王府吊唁，举行了一场隆重的饰终典礼，醇亲王的丧礼与皇帝的国丧并无多大区别。慈禧太后还格外开恩，辍朝11天，准许光绪帝穿孝服一年,加恩醇亲王的嫡福晋、五子、六子、七子,由五子载沣袭封醇亲王爵位,醇亲王府享受到了晚清绝无仅有的殊赏。

　　慈禧太后为什么要大张旗鼓地给奕譞举办这么一场隆重的丧礼呢?一方面她是为了感激奕譞当年在辛酉政变中帮助自己击败顾命八大臣,登上垂帘听政的宝座;另一方面也是更重要的,她想借此对天下臣民表明,她并不是一个刻薄寡恩的人,她是非常仁慈的、富有人情味的人,也是为了不将自己彻底放在光绪帝的对立面,缓和与宗室的矛盾。

第四章 甲午硝烟，国难当头主抗战

1894年，光绪帝亲政后的第5年，中日甲午战争爆发。这是他亲政以来第一次面对的重大事件，为了稳定自己的政治地位、维护清政府及国家利益，他坚决主战。事与愿违，由于清政府官场腐败、指挥错乱等原因，清军惨败。原本信心满满的光绪帝被迫同意签订《马关条约》，割地赔款，接受战败的现实。

第一节 朝鲜半岛，战云笼罩

转眼间，光绪帝亲政已近5个年头，1894年（光绪二十年），光绪帝23岁。

此时，宫廷中虽然暗流汹涌，帝党与后党钩心斗角、相互排斥，但矛盾尚不算激烈，双方尚未撕破脸，总体而言，国家局势还算稳定。同时，随着洋务运动的稳步推进，军工企业、民用企业如雨后春笋般涌现，国家经济实力和国防实力都有了较大的提升，国家暂时出现了较为繁荣稳定的局面。

当时民间流行一首歌谣："光绪坐龙楼，五谷田丰收。四海民安乐，福如长水流。"慈禧太后也非常高兴，她认为经过自己30多年的苦心操劳，大清转危为安、国泰民安，自己对得起祖宗，对得起臣民，准备于这年体体面面、风风光光地为自己庆贺六十万寿。

早在1893年1月19日（光绪十八年十二月初二），光绪帝就已颁下上谕，要求户部、礼部、兵部、工部提前近两年的时间为慈禧太后六十万寿庆典做准备。次年春，清政府专门成立了筹办慈禧太后寿典的机构，委派礼亲王世铎、庆郡王奕劻、户部尚书熙敬、礼部尚书昆冈、兵部尚书许庚身、工部尚书松溎等一体配合，总责筹办庆典活动。

进入1894年正月，喜庆气氛越发变得浓烈。人逢喜事精神爽，慈禧太后高兴之余，开恩给朝廷百官加官晋爵，内廷嫔妃也有封典，珍嫔和姐姐瑾嫔一同被晋封为妃。与此同时，全国各地进献给慈禧太后的贡品源源不断地送到宫中，宫廷内外开始大规模的装饰。

然而，就在宫廷内外大张旗鼓地为慈禧太后筹办寿典，举国上下沉浸在一派喜气中时，一场史无前例的战争降临了——中日甲午战争爆发。

日本对中国觊觎已久。1868年（同治七年）日本实行明治维新，开始走上资本主义发展道路，国力日渐强盛，野心也日渐膨胀，图谋向外扩张。明治天皇即位时公开叫嚣："日本乃万国之本，要开万里波涛，国威布于四方。"他将对外扩张定为基本国策。

1872年（同治十一年），日本单方面宣布琉球王国为其"内藩"，触犯了中国的宗主国地位，日本侵占琉球后，准备以琉球为跳板进攻中国台湾。1874年（同治十三年），日本以"牡丹社事件"为借口，出兵侵略中国台湾，这是近代史上日本第一次对中国发动武装侵略。在美英等国的"调停"下，日本向清政府勒索白银50万两，从中国台湾撤军。随后，日本又开始侵略中国的邻国朝鲜。1876年（光绪二年），日本以武力胁迫朝鲜签订《江华条约》，取得了领事裁判权等一系列特权，打开了朝鲜的国门。1879年（光绪五年），日本吞并琉球国，改设为冲绳县。1882年（光绪八年），朝鲜发生"壬午兵变"，中日两国同时出兵朝鲜，清军虽然在这次事件中压制住日军，但日本仍然强迫朝鲜政府签订《济物浦条约》，取得了在朝鲜的派兵权和驻军权。1884年（光绪十年），日本帮助朝鲜开化党人发动"甲申政变"，袁世凯率清军击败了日军，镇压了政变。但是日本同清政府订立了《天津会议专条》，规定中日两国同时从朝鲜撤兵，如两国出兵朝鲜，须提前互相通知。《济物浦条约》和《天津会议专条》的签订，也为中日战争埋下了伏笔。

此后，日本大肆扩军，准备进一步侵略朝鲜和中国。到甲午战争前夕，日本已建立起一支拥有6.3万名常备兵和23万名预备兵的陆军，拥有32艘军舰、24艘鱼雷艇的海军，总排水量7.2万吨，实力和规模都超过了北洋海军。日本还派遣间谍组织和人员潜入中国，加紧对中国各方面的情报搜集，为侵略中国做准备。

反观清政府，北洋海军自1888年（光绪十四年）建军后，就再没有增添军舰，舰龄渐渐老化，与日本新添的军舰相比，火力弱、射速慢、航速迟缓。到甲午战争前，北洋水师拥有军舰25艘，官兵4000余人，虽然规模不小，但编制落后，训练废弛，战斗力低下。1891年（光绪十七年）以后，北洋水师甚至连枪炮弹药都停止购买了。

1894年（光绪二十年）春，朝鲜爆发东学党起义，朝鲜政府军节节败退。6月3日，朝鲜政府请求清政府派兵协助镇压起义军。日本认为发动战争的时机已到，假意向清政府表示同意其出兵朝鲜，企图借机制造事端，挑起中日战争。清政府未能识破日本的阴谋，派直隶提督叶志超和太原镇总兵聂士成率淮军2000余人于6月6日出发，分两批在朝鲜牙山登陆，同时根据《天津会议专条》通知日本。6月10日，朝鲜政府和起义军达成和议，清军还未投入战斗，起义就平息下去了。6月25日，按原定计划，派出的第三批清军在总兵夏青云的率领下在牙山登陆，驻朝清军总数超2000人。

与此同时，日本加紧行动，着手挑起更大规模的战争。早在6月2日，伊藤博文内阁就决定出兵朝鲜。6月5日，日本设立有参谋总长、参谋次长、陆军大臣、海军军令部长等高级军事首领参加的战时大本营作为指挥战争的最高机构。6月9日，日本派先遣队400多人在驻朝公使大鸟圭介的率领下，以《济物浦条约》规定日本有权保护使馆和侨民为借口，进入朝鲜首都汉城（今韩国首尔），同时根据《天津会议专条》照会中方，接着又在6月12日派兵800人进驻汉城。

这时，朝鲜政府要求中日两国同时从朝鲜撤兵，大鸟圭介开始和清政府驻朝大臣袁世凯进行撤兵谈判，而日本政府则电令大鸟圭介拒绝达成共同撤兵协议。此后，日本开始不断向朝鲜增兵，到6月28日，入朝日军已达8000余人，在数量上对比驻朝清军占有绝对优势，日本侵占朝鲜的野心昭然若揭。

第二节 日本挑衅，光绪宣战

就在朝鲜半岛形势危急、中日战争一触即发的关键时刻，清政府内部对于是否对日开战却意见不一，争论不休。

沉浸在寿典喜悦中的慈禧太后虽然气急败坏，对日本人非常恼火，但为了保证自己的六十万寿庆典能够顺利举办，选择了委曲求全，不主张对日开战。她对战争抱有侥幸心理，并寄希望于美、英、德、俄等国，希望通过它们的调停，避免战争发生。

身为直隶总督兼北洋大臣的李鸿章，手握清政府海陆军大权，出于保存自己嫡系部队——淮军和北洋水师实力的需要，与慈禧太后结成统一阵线，也不主张通过战争的方式解决朝鲜的争端，企图通过外交途径寻求美、英、德、俄等国的干预，促使日本从朝鲜撤兵。

此时的光绪帝处于左右为难的境地，一方面他要体察慈禧太后的心思，筹划为慈禧太后举办寿典，另一方面他为国家的命运深深担忧。

这时，光绪帝身边也凝聚着一批人才，他们围绕光绪帝，在清廷统治集团里聚结起一支政治势力——帝党，主要人物是帝师翁同龢、礼部侍郎志锐等人。在这些人中，翁同龢作为帝师，对光绪帝忠心耿耿，作为身居要位的朝廷重臣，对帝党的决策起着十分重要的作用。在政权和军权为后党掌控的情况下，他以"延揽新进"为救时要务，利用科举考试拔擢人才。文廷式、张謇就是翁同龢拔识的人才，他们成为帝党的中坚力量。一些不满后党专政的官员、文人、名士也相继聚集在翁同龢的周围。

帝党成员与光绪帝的思想一致，他们关心社稷民生、国家和民族的危亡。但是帝党成员也与光绪帝的境况一样，大多是无实权的京官书生，这也决定了帝党的虚弱。

朝廷中帝党成员和广大爱国官兵认为，日本的侵略野心已经昭然若揭，必须加强备战，派大军入朝，坚决反击日本的侵略行径。从1894年6月开始，以翁同龢为首的帝党成员不断发出主战的呼声，主张对日开战。

这年殿试得中一甲第一名的状元、时任翰林院修撰的张謇指出，应当赶紧向朝鲜派兵，水陆两路同时增兵，军费如果不够，可以先移用一部分朝廷为慈禧太后庆寿而拨的款项。

1890年（光绪十六年）榜眼、刚刚在官员大考中被光绪帝亲拔为一等第一名的翰林院侍读学士文廷式认为，日本出兵朝鲜，并非仅想侵吞朝鲜半岛，其真实目的是侵占朝鲜后进一步侵占中国，必须向朝鲜增派援军，遏制日军进攻，不能寄希望于英、俄等国的调停，议和绝无可能。

礼部侍郎志锐则弹劾李鸿章消极避战，不做战争准备，一味迷信调停，畏日如虎，这才使日本在军事上占据主动地位，使清军面面受制。

江南道监察御史张仲炘也严词谴责朝鲜战争爆发后，李鸿章迁延观望，一筹莫展，"始则假俄人为钳制，继则恃英人为调停……乃甘堕洋人之术中，而不知悟也"。

翁同龢更是督促光绪帝惩处李鸿章，并命他戴罪督战。帝党成员还频繁集会，四处奔走，竭力营造主战舆论。在他们的鼓动下，一些清流人士和爱国官员也不断上书议论时局，纷纷言战。一时间，朝野上下弥漫着对日作战的高昂情绪。

这时，日本仍不断向朝鲜增兵，并于1894年6月22日（光绪二十年五月十九日）向清政府发出了《第一次绝交书》，企图恐吓清政府。光绪帝对日本政府的言而无信和傲慢态度十分不满，决定对日本施以强硬政策。6月25日，光绪帝连颁两道谕旨，指责李鸿章消极怠战，对日本态度不够坚定，"不欲多派兵队"，提醒李鸿章形势危急，必须紧急做好御敌准备。

手握用兵大权的李鸿章清楚大清朝廷到底谁说了算，他对光绪帝的谕令采取了阳奉阴违的态度，继续加以搪塞。7月1日、2日、4日，光绪帝又接连发出三道谕旨，明确指出日本气焰嚣张，"他国劝阻亦徒托之空言"，中日两国"将有决裂之势"，指责李鸿章"示弱于人，仍贻后患"，命令李鸿章"必须预筹战备""外援内防，自宜先事预筹"，一再强调让李鸿章立即进行全面战备，以免"贻误事机"。然而李鸿章仍然对美、英、俄等欧美列强的调停抱有幻想，而欧美各国出于自身利益的考虑，都采取观望态度，对日本只是表示"谴责"而已，并未采取强硬措施，调停毫无效果。7月14日，日本向清政府发出《第二次绝交书》，拒不撤兵朝鲜，并反诬中国"有意滋事"，扬言"将来如果发生意外事件，日本政府不负其责"，中日谈判遂告破裂。

日本狼子野心，中日开战已不可避免，慈禧太后对日本搅乱了自己六十万寿十分愤怒，开始主张对日本强硬。得知慈禧太后态度转变后，光绪帝于第二天在军机处值房召集一班王公大臣讨论各地官员发来的电报和上呈的奏折。光绪帝在会上明确表态，自己"一力主战"，同时宣布"皇太后谕不准有示弱语""懿旨亦主战"。光绪帝知道这些人在等慈禧太后的表态，而慈禧太后的态度也是主战。此时，光绪帝和慈禧太后在对日战与不战的问题上，观点趋于一致，都主张对日开战。

当日，光绪帝发布谕旨，晓谕朝野上下，表示朝廷一意主战，同时敦促李鸿章迅速布置派兵一切事宜，若顾虑不前，贻误战机，必拿李鸿章是问。

李鸿章知道了慈禧太后的态度，这才答应光绪帝的要求，开始派兵增援朝鲜。而日本也加快了发动战争的步伐，7月17日，日本大本营作出开战决定。7月20日，日本组建以伊东祐亨为司令的联合舰队，随时准备投入战斗。同日，日本驻朝公使大鸟圭介向朝鲜政府发出最后通牒，要求朝鲜政府"废华约、逐华兵"，限48小时内答复。直到此时，李鸿章仍然消极备战，暗中电令驻朝清军将领叶志超，"日虽竭力预备战守，我不先与开仗，彼谅不动手……切记勿忘，汝勿性急"，告诫叶志超不要先于日军开战，以免扩大战争。

7月23日凌晨，日本驻朝公使大鸟圭介与日军混成旅旅长大岛义昌率军突袭汉城王宫，击溃朝鲜守军，劫持朝鲜国王高宗李熙，扶植李熙生父兴宣大院君李昰应建立傀儡政权。接着，大鸟圭介和大岛义昌又逼迫李昰应与清朝断绝关系，并"委托"日军驱逐驻扎在牙山的大清军队。

7月25日，日本联合舰队在朝鲜丰岛海面袭击增援朝鲜的北洋水师济远、广乙两艘军舰，丰岛海战爆发。海战中，济远舰发尾炮重创敌舰吉野号，广乙号在战斗中受伤，败退至朝鲜十八岛附近搁浅而毁。不久，清政府租借的用来运送士兵前往朝鲜牙山的英国商船高升号驶至，日舰浪速号企图逼迫高升号投降，船上将士宁死不从，高升号被敌舰的鱼雷和重炮击沉，船上1190名官兵和工作人员仅257人获救，其余全部遇难。和高升号伴航的运输舰操江号也为日军俘获。日本不宣而战，终于引爆了战争。

消息传至国内，举国愤怒。光绪帝在慈禧太后的授意下，命令出使日本大臣汪凤藻回国，8月1日发布宣战诏书："朝鲜为我大清藩属二百余年，岁修职贡，为中外所共知。近十数年，该国时多内乱，朝廷字小为怀，叠次派兵前往戡定……该国（日本）不遵条约，不守公法，任意鸱张，专行诡计，衅开自彼，公论昭然……着李鸿章严饬派出各军迅速进剿，厚集雄师，陆续进发，以拯韩民于涂炭。"

光绪帝下达的这封宣战书中，梳理了从朝鲜东学党起义开始的整个事件的来龙去脉，于情于理都说得很透彻，而且言辞激烈，痛斥日本不守公法、不遵条约，蓄意挑起事端。

同一天，日本明治天皇睦仁也下诏书宣战。该诏书不仅抹黑中国，称中国"狂妄已极"，还称其开战的目的是"使朝鲜永免祸乱""维持东洋全局之平和"。

中日双方正式开战。这一年中国农历纪年是甲午年，这场战争史称"中日甲午战争"。

第三节　平壤失守，海战惨败

大清对日宣战后，光绪帝年轻气盛，想要一举消灭日军。他采取积极进取的战略方针，指示李鸿章加紧调遣军队入朝，抵御日军北进。李鸿章遵旨调军入朝，军队冒着酷暑，水陆并进，向朝鲜进发。

8月28日，太原镇总兵马玉昆率领的毅军、河州镇总兵卫汝贵率领的盛军、高州镇总兵左宝贵率领的奉军、副都统丰升阿率领的奉天练军盛字营和吉林练军先后抵达平壤，与由叶志超和聂士成率领的牙山战役的残余清军会合。各路清军共计约1.5万人，清政府任命叶志超为平壤诸军总统（总指挥）。

此时，日本的援军已经进入朝鲜境内。9月1日，日军大本营任命陆军大将山县有朋为陆军司令官，统一指挥朝鲜境内日军，日军兵分四路，采取四面包围的战术向驻平壤的清军发动进攻。当日军向平壤进发时，叶志超按照李鸿章的电令，采取"坚扎营垒""先定守局，再图进取"的消极防御方针，在平壤城内外赶修工事，择险分兵驻守，从而失去了积极进攻的战机。

直到朝鲜新政府平安道观察使闵丙奭（shì）电告清政府日军正向平壤进军时，李鸿章才急电叶志超准备作战。光绪帝对叶志超消极待战的行为很不悦，电令叶志超"不得以兵未全到，束手以待敌来攻，聂城募勇，尽可遣员弁代办，何必自行？着仍留营剿贼"。叶志超只得命令各军派出前哨部队，侦察日军的行踪。

9月6日，左宝贵派哨官傅殿魁率一队骑兵进至黄州（位于平壤以南）东探察日军动向，与日军先头部队相遇并交火，因敌我悬殊，傅殿魁撤队回营。随后，叶志超从各军抽调士兵7000余人出平壤迎击日军。9月7日凌晨，清军渡江至中和郡，因夜黑看不清，竟出现了自相残杀的情况。9月9日，李鸿章电令叶志超调回出征清军。此后，叶志超率领清军守在平壤城内，龟缩不出。而日军则利用这个间隙，于9月13日顺利完成了对平壤的包围。叶志超见形势危急，主张弃城逃跑，遭到左宝贵的痛斥："若辈惜死可自去，此城为吾冢矣！"

9月15日凌晨，日军向平壤城发起猛烈的进攻。战役在三个战场展开：大同江南岸战场、玄武门外战场、城西南战场。清军英勇奋战，顽强反击，与日军反复搏杀，一时间平壤城外枪炮大作，杀声震天，硝烟弥漫。

玄武门是日军的主攻方向，日军以优势兵力向玄武门外东北方牡丹台外侧的4座堡垒发起攻击。守垒清军顽强抵抗，双方死伤无数。8时，4座堡垒全部落于日军之手。日军从东、北、西三个方向包抄牡丹台，对牡丹台守军实行三面合击。牡丹台是平壤城的制高点，牡丹台失守，全城将遭受威胁。守卫牡丹台的清军凭险死守，日军难以得手。日军改用排炮向牡丹台集中轰击，清军死伤甚重，日军乘势发起冲锋，蚁附而上，8时30分，牡丹台陷落。

正在玄武门指挥作战的左宝贵见牡丹台失守，知道此战大势已去，决心与平壤共存亡，他换上御赐黄马褂，继续指挥清军反击。中日双方均拼命死战，左宝贵亲燃大炮，连发36弹，激战中身上两处中弹，仍然裹伤指挥战斗，最后不幸被日军炮弹击中胸部，壮烈殉国。日军随即夺占玄武门，向城内推进，却遭到城内清军的顽强阻击，日军撤至城北高地。

战至午后2时，平壤战场仍呈现胶着状态，三个战场的战斗形势是：大同江南岸战场，马玉昆所部毅军击溃日军进攻，获得胜利；城西南战场，胜负未分；只有城北玄武门外战场各垒被攻陷，牡丹台、玄武门失守，但日军尚未进入城内。战场形势仍对清军有利，清军弹药、粮食充足，足以供清军坚守平壤城月余，而且日军死伤不少，已经到了弹尽粮绝的地步。与此同时，天已经开始下雨，日军冒雨在平壤城外宿营，处境极为艰难。此时清军如果决心坚守，日军很难再坚持下去，战局很可能就会发生转机。

但是清军主帅叶志超被日军的进攻吓破了胆，决定弃城逃走。下午4时，叶志超在平壤城头竖起白旗表示停止抵抗，准备弃城撤退。正处于进退两难的日军获信后欣喜若狂，立即在清军逃跑必经之处义州大道、甑山大道要隘设下埋伏,准备伏击清军。

晚 8 时,叶志超打开城门,弃城仓皇而逃。清军冒着倾盆大雨,成群结队自城门蜂拥而出向北奔逃,逃至日军的埋伏圈时,遭到日军枪炮袭击,清军阵脚大乱,四处乱窜,相互践踏,死尸遍地。据统计,仅仅一夜之间,清军在逃跑路上被日军杀死的就多达 1500 多人,并有 683 人被俘,日军缴获的武器、弹药、粮食及其他各种物资不计其数。9 月 16 日清晨,日军占领平壤城。叶志超惊魂未定,一路狂奔 500 里,于 21 日渡过鸭绿江逃到中国境内,至 9 月 24 日,残余清军全部渡过鸭绿江。日军向北迅速推进,占领了朝鲜全境。

平壤战役失败后,清军陆续后撤到边境,这场战争开始出现转折。大清由战略进攻转为被动防御,而日军已经基本打通了进入中国境内的通路,战火随时会向境内蔓延。而此次失利,让光绪帝对这个虎狼般的邻居有了更准确的认识,他对战争的激情、狂热逐渐平息,再也不敢有轻敌的念头,他曾谕内阁:"大局岌岌可虑,是倭兵之未可轻视。"

在 9 月 17 日,即平壤陷落的第二天,日本海军联合舰队在鸭绿江口大东沟附近的黄海海面袭击北洋水师,黄海海战爆发。这是甲午战争中继丰岛海战后的第二次海战,也是中日双方海军主力间的一次决战。9 月 15 日上午,北洋水师护送 4000 余名入朝援军到达鸭绿江口大东沟(位于辽宁东港市附近),在军队全部登陆后于 17 日上午 9 时返航,途中与日本联合舰队相遇,双方展开激战。霎时间,双方各舰百炮齐发,硝烟弥漫,海水沸腾。

激战中,北洋水师定远号被日舰炮火击中受伤,提督丁汝昌也身受重伤,但坚持不下火线,裹伤后坐在甲板上激励将士,同心效命。总兵刘步蟾代替丁汝昌指挥定远号士兵奋力发炮,还击日舰。广大士兵顽强奋战,誓与日舰血战到底。"众士兵均狞厉振奋,毫无恐惧之态。当予巡视时,一兵负重伤,同侣嘱其入内休养;及予重至此炮座,见彼虽已残废,仍裹创工作如常。"

致远号官兵在管带邓世昌指挥下,冲锋在前,与敌死战,中弹累累,炮弹也将用光。这时日舰主力舰吉野号向致远号驶来,邓世昌见吉野号恃其船捷炮利,横行无忌,怒不可遏,命舵手开足马力向吉野号猛冲过去,誓与吉野号同归于尽。在快要接近吉野号时,致远号不幸被吉野号发射的鱼雷击沉,舰上官兵除7名遇救外,其余全部壮烈殉国。邓世昌坠海后,随从刘忠跳入海中以救生圈援救,邓世昌"义不独生",拒绝救援,准备自沉海中。邓世昌平时养的一只爱犬游到邓世昌身边,以口衔世昌臂,使之不沉。但是邓世昌抱着与全舰将士同生死、共存亡的决心,只得将爱犬按入海水中,自己也沉没于汹涌的波涛之中,牺牲时年仅45岁。

黄海海战历时5个多小时,北洋水师损失5艘军舰,官兵伤亡约800人,但日本联合舰队也损失惨重,5舰受重伤,伤亡239人。黄海海战以后,北洋水师实力犹存,但是李鸿章为保存实力,命令北洋水师退回旅顺、威海港内,"避战保船",不再出战,从而使日本海军掌握了黄海制海权。至此,日军掌控了陆、海两方面的战争主动权,大清陷入全面的被动地位。

第四节 严惩鸿章,起用奕䜣

叶志超逃到辽东,丁汝昌又败退旅顺,前方失利的消息接连传到北京,光绪帝十分震惊,弹丸之国竟然如此难以对付,本以为可以速战速决之战,没承想竟然全部折戟而归。光绪帝大为懊恼,当即将叶志超、丁汝昌革职。而日军在占领平壤后并没有停止攻势,稍做休整后,就向中国东北边境推进。在日趋严峻的战争形势面前,此时的光绪帝并未动摇决心,他加紧调兵遣将,沿鸭绿江一带构建防线,加强本国防御,以阻击日军入侵，保卫国土。

早在谕令李鸿章向朝鲜调派援军时，为防万一，光绪帝就命主动请战的黑龙江将军依克唐阿率军进驻奉天（今沈阳市）。此时，光绪帝便谕令依克唐阿率军向鸭绿江沿线运动，以便与其他军队"合力防剿"，防备日军来犯。同时，光绪帝还电谕李鸿章，调集驻守旅顺的宋庆部和已在大东沟登陆的刘盛休铭军等部，向九连城（今辽宁省丹东市附近）一带集结，以加强沿江纵深的防御力量，此外又电谕东北三省练兵大臣定安和盛京将军裕禄派兵"前往鸭绿江，并举办乡团，添募猎户炮手，随同防堵"。

经过一系列筹划，到10月中旬，在鸭绿江沿线已集结了3万多人的军队（包括从平壤退回国内的清军），从而构建了一道以九连城为中心，东起苏甸及长甸（均位于辽宁省丹东市宽甸满族自治县）河口，西迄大东沟、大孤山绵亘数十里的鸭绿江防线。

为了稳定军心，重整军威，光绪帝决定厉行赏罚，命聂士成替代叶志超、卫汝贵统领叶、卫所部，颁谕为左宝贵、邓世昌等阵亡将士赐恤、昭功、立传。光绪帝为左宝贵亲作《御制祭文》：

方当转战无前，大军云集；何意出师未捷，上将星沉？喑呜之壮气不消，仓猝而雄躯遽殉。

这篇感情真挚的祭文表露出他对左宝贵等尽忠报国将士的沉痛哀悼之情，光绪帝为左宝贵赐谥号"忠壮"，追赠太子少保衔，准入祀京师昭忠祠。

命大臣为邓世昌拟《御赐碑文》，称他"奋击则寡能敌众，冲锋则义不顾身"，"誓扫狼头，经百战而风云变色；身骑箕尾，炳千秋而竹帛流光"，赐谥号"壮节"，追封太子少保衔，准入祀京师昭忠祠。

那些贪生怕死、临阵逃跑的将领，光绪帝也严加惩处：叶志超交刑部审讯，判斩监候；卫汝贵虽立有战功，但因纵容部下掳掠百姓，且跟随叶志超一同逃跑而被处决。而对重量级人物李鸿章，光绪帝也毫不客气。

李鸿章握有军事和外交大权，理应积极调派军队，加强海陆防御，防止日本扩大战事。然而面对日本步步紧逼的行为，李鸿章"并无作战之气"，对敌一味迁延，致使清军战备松懈，将希望寄托在美、英、德、俄等国的调停上，使清军在战争爆发前就已经处于非常被动的地位。及至战争爆发后，李鸿章对光绪帝的谕令仍然敷衍拖延，还电令朝鲜前线的叶志超执行他"据城固守"的消极作战命令，使清军丧失战机，坐守平壤，遭受日军凶猛围攻。李鸿章对日妥协、怯懦畏战的行径激起朝廷上下的愤怒。

当日平壤失守、黄海海战失利的消息传入宫中后，光绪帝立即召集王公大臣，在乾清宫举行枢臣会议。会上，李鸿藻指责李鸿章"有心贻误"，致使清军连遭惨败，但军机大臣张之万站出来为李鸿章辩护。翁同龢公开表态支持李鸿藻的意见，认为"高阳（李鸿藻）正论，合肥（李鸿章）事事落后，不得谓非贻误"。于是，翁同龢、李鸿藻与其他几位军机大臣议定了对李鸿章的处分意见，并当即将意见写成奏折，进呈光绪帝。光绪帝本就对李鸿章十分不满，正欲严处李鸿章，现在见军机大臣也要求处分李鸿章，于是立即颁下谕旨，谴责李鸿章"未能迅赴戎机，以致日久无功，殊负委任"，令"拔去三眼花翎，褫去黄马褂，以示薄惩"，并要求李鸿章戴罪立功，"务当力图振作，督催各路将领，实力进剿，以赎前愆"。

9月19日，年逾70的李鸿章得知光绪帝对他的处分后，以"据实陈奏军情"的名义上奏光绪帝，推脱说"衰病之躯，智力短浅，精神困备"，为自己辩解，以开脱罪责，并表示自己难以再率领军队。翰林院侍读学士文廷式指斥李鸿章"袒护劣员，贻误军事，罪无可辞"，并明确地指出必须撤换李鸿章。给事中洪良品奏参李鸿章"意不在战而在和也",也要求朝廷另派大员替代李鸿章职务。

然而,慈禧太后有意袒护李鸿章,于9月22日颁下懿旨,肯定李鸿章的一系列作为,"该大臣布置有素,筹备自臻严密",并对李鸿章百般抚慰,"近闻该大臣因军事劳瘁,气体不甚如常。着随时加意调摄,毋负朝廷委任至意"。当初慈禧太后之所以主战,多是因为痛恨日本人搅乱了她的六十万寿庆典,而且她也轻视日本,认为经过几年的洋务运动和整军备战,大清军队绝不会输给日军。现在平壤陆战和黄海海战接连失利,日本已经兵压鸭绿江,她再也不敢与日本开战了,认为再战则必败,应向日本求和。李鸿章是主和派的代表人物,并且有着多年与列强交往的经验,要与日本人达成和议就必须依靠李鸿章,因此慈禧太后出面维护李鸿章也就不足为怪了。

慈禧太后对战争态度的转变让关心战事和国家命运的朝廷官员深感焦虑,他们不得不思索挽救时局的良策。早在对日宣战后的8月3日,户部右侍郎长麟便奏请起用恭亲王奕䜣,但没有引起朝廷的注意。9月中旬,侍讲学士陆宝忠与侍读学士张百熙私下商议,认为"欲挽艰危,非亟召亲贵(即恭亲王奕䜣)不可"。9月26日,陆、张二人又同礼部侍郎李文田商量,拟折吁请朝廷起用奕䜣。次日,翁同龢在书房看到李文田等人的联衔奏折,在和李鸿藻商讨后又联合拟一附折,建议慈禧太后重新起用奕䜣,然后将奏折上递朝廷。

9月27日,慈禧太后一反常态,公开出面和光绪帝一起在颐年殿东暖阁召开一次枢臣会议。会上,翁同龢和李鸿藻又共同面奏,"请起用恭亲王",慈禧太后冷漠地拒绝了二人的奏请。随后,慈禧太后又请翁同龢前往天津见李鸿章,要求李鸿章请即将来华的俄国公使喀西尼出面调停,以便与日本达成和议。翁同龢不愿承受屈服求和的骂名,但也不敢过分拒绝慈禧太后,只得答应慈禧太后代为转述。

9月28日，侍读学士文廷式领衔拟折，联合翰林57人一起请求起用奕䜣。在大臣们的一再乞请下，9月29日，慈禧太后和光绪帝共同召见奕䜣，商讨了许多重大问题。29日和30日，慈禧太后连发三道懿旨，允准奕䜣"管理总理各国事务衙门事务，并添派总理海军事务，会同办理军务"，但并没有授予奕䜣直接指挥军队的大权。

然而，此时的奕䜣已经不是当年的奕䜣了。自从1884年（光绪十年）被慈禧太后逐出军机处后，奕䜣一直赋闲在家，寄情诗酒，不思政务，一为消磨时光，二为消除慈禧太后对他的猜疑。如今，10年过去了，政治上的失意和生活中的变故，使奕䜣心理遭受极大的打击，他的精神和身体同10年前相比已经判若两人，变得老气横秋、暮气沉沉。1894年（光绪二十年）初，翁同龢见到奕䜣时，惊讶地发现奕䜣已是一位须发皆白、精神萎靡的老人了。

复出后的奕䜣谨小慎微，处处看慈禧太后的眼色行事。他并没有像帝党成员所期望的那样，对日本表现出强硬的态度，力主抗战，而是倾向对日求和，简直成了李鸿章第二。

而此时，日军又将战火烧到了鸭绿江边。10月24日，日军一部在九连城上游的安平河口泅水过江，一部在庄河花园口（位于辽宁省大连市辖庄河市西南，为辽东半岛东侧黄海岸一小港口）登陆。日军迅速突破清军固守的鸭绿江防线，陆续占领九连城、安东县、大东沟、凤凰城、宽甸、岫岩等地，近3万名清兵驻守的鸭绿江防线全线崩溃。

前线形势急转直下，朝廷一片混乱。10月31日，光绪帝在养心殿东暖阁召见恭亲王奕䜣、庆亲王奕劻、李鸿藻及翁同龢等人，这是光绪第一次召见恭亲王。光绪帝询问奕䜣前线战事如何处置，而奕䜣"奏对甚多，不甚扼要"，奕䜣并没有给出什么具体方案，这令光绪帝深感失望。同一天，慈禧太后单独召见礼亲王世铎和庆亲王奕劻，所谈内容竟然是关于庆典之事，就连礼、庆两位亲王也感到意外，慈禧太后的昏聩可见一斑。

11月1日，慈禧太后召见恭亲王奕䜣、庆亲王奕劻、全体军机大臣及户部尚书翁同龢、礼部尚书李鸿藻等人。慈禧太后阴沉着脸问众人："计将安出？"众人支支吾吾，回答不得要领。庆亲王奕劻则请求给予奕䜣统率全军的全权。慈禧太后沉吟再三，最终应允了奕劻的请求，把这个烫手山芋扔到了奕䜣手中。

11月2日，光绪帝颁发上谕："现在畿辅大兵云集，着派恭亲王督办军务。所有各路统兵大员，均归节制。如有不遵号令者，即以军法从事。庆亲王奕劻，着帮办军务。翁同龢、李鸿藻、荣禄、长麟，并着会同商办。"同时另颁一谕，设立巡防处，派恭亲王奕䜣、庆亲王奕劻、户部尚书翁同龢、礼部尚书李鸿藻、步军统领荣禄、礼部左侍郎长麟办理巡防事宜。

这个巡防处便是督办军务处，它是同军机处具有相同权威的战时临时最高军事指挥机构。至此，奕䜣获得清政府的军事和外交大权，代替了李鸿章的地位。奕䜣虽然在名义上拥有了军事和外交大权，但朝廷对日本的政策、态度，还是要听从慈禧太后的安排。

然而，奕䜣在重掌清政府军事和外交大权后的所作所为，令光绪帝感到吃惊。他没有整顿军务、积极备战以挽回颓势，而是在11月3日，就是他上任一天后，迫不及待地与奕劻、孙毓汶等人召见美、英、法、德、俄驻华公使，乞求他们帮助大清寻求"和平"。

第五节　国难当头，慈禧做寿

就在战况紧张、局势危急、辽东前线广大爱国官兵与日军浴血苦战的时候，慈禧太后却倒行逆施，执意要为自己举办六十万寿庆典。

按照预定的计划，庆典活动在颐和园举行，从1894年（光绪二十年）初开始，到慈禧太后六十寿辰当天，即11月7日达到高潮。慈禧太后要先在宫里接受王公大臣、文武百官们的朝贺，然后乘坐金銮，光绪帝、隆裕皇后等人乘舆相随，一路由宫廷侍卫护送，浩浩荡荡地出皇宫，走北长街，经西安门大街、新街口，然后出西直门，直抵颐和园。沿途要点缀景物，搭建龙楼、龙棚、牌楼、亭座等景物，一切都要按照乾隆帝当年庆寿的气派来，所有庆祝活动，均伴以隆重仪式。到了颐和园，慈禧太后准备在这里大摆筵席，款待王公大臣、文武百官，并大开戏台，赏戏听曲。

为了办好庆典，在慈禧太后的授意下，光绪帝选择了一个吉日，与文武百官一起在仁寿宫预先演习庆祝仪式，时间定在当天上午9时，慈禧太后还特地派李连英前来参加演习。这天，光绪帝与文武百官穿戴一新，齐集仁寿宫，等候李连英一到便开始演习。可是众人左等右等，就是不见李连英的身影，一直到午后，李连英才姗姗来迟，光绪帝与文武百官足足等了三个时辰。演习完毕，为了平息文武百官的愤怒，光绪帝下令"廷杖李连英四十"。

自中日开战以后，清军节节败退，坏消息不断传入宫中，朝廷官员对慈禧太后不顾战事危急、前方吃紧的情况，执意大办寿典非常不满，一些主战派官员纷纷上疏，请求停办沿途景物，省下银两移作军费。慈禧太后怒不可遏，拒纳百官的劝谏，并扬言"今日令吾不欢者，吾亦将令彼终生不欢"。

9月15日，日军向平壤发起疯狂进攻。讽刺的是，这时的光绪帝却忙着率王公大臣先到太和殿阅视表文，然后到慈宁宫向慈禧太后进献册宝，为慈禧太后上徽号。除原有的"端佑康颐昭豫庄诚寿恭钦献"徽号外，又新加"崇熙"二字。慈禧太后特地降下懿旨，让在京官员们连日"赏听戏"，一些官员心系战事，忧心忡忡，但也无奈"饮泣"而坐听戏。

平壤失守、北洋水师在黄海海战中损失惨重，9月下旬，战火开始向大清边境蔓延，慈禧太后这才感到事态严重，于9月21日降下懿旨：

"现当用兵之际,必应宽备饷需,除饬户部随时指拨外,着由宫中节省项下发去内帑银三百万两,交户部陆续拨用,以收士饱马腾之效。"

慈禧太后表示要从庆典费用中节省下300万两拨给前方将士使用,以鼓舞将士们的士气,她终于觉得此时大办寿典有点不适时宜,于是有所让步,要以"实际行动"支援前方将士们作战。

9月25日,慈禧太后又降下懿旨,宣称当前正逢战事,国家有难,自己体恤百姓、将士之苦,将原定于颐和园举办的庆辰典礼改在宫内举行,至于是否停修沿途景物、祝寿仪式及收受朝廷官员进献的贡物等事只字未提。其实她的做法是换汤而不换药,是为自己举办六十万寿庆典而发布的脱罪开场白。日军逼近国门之际,慈禧太后却大肆挥霍、贪图享受,怎能不令人愤慨憎恨!

10月12日,礼部侍郎李文田等人又联名上奏"请停点景"。光绪帝虽然同意李文田等人的奏请,但不敢表态,只是让军机大臣转奏慈禧太后,请懿旨办。慈禧太后深知民意难违,甲午海战清军惨败收场,朝野民间已经议论纷纷,太过明目张胆地操办寿典,向百姓炫耀皇室富贵,恐怕会生出事端。于是次日命礼亲王世铎出面,传达自己的懿旨:"一切点景,俱暂停办。"实际上,慈禧太后仍在欺骗众人,她下旨之后,"蕉园(位于紫禁城西苑太液池,今中南海东岸)、锡庆(即锡庆门,是宁寿宫西南隅的大门)皆有彩殿,北长街皆有点景",点景工程仍未停止。

10月23日,王公大臣和外省官员纷纷向慈禧太后进献庆寿贡物,拉开了慈禧太后六十万寿庆典的序幕。内阁、六部官员及将军、督抚齐集仪鸾殿,慈禧太后升座,赏赐文武大臣们一顿丰盛的膳食,接着赏赐物件,诸大臣三叩首拜谢。

10月24日,光绪帝遵照慈禧太后的意思发布谕旨:

兹当庆典届期,该王公大臣等仍循旧例呈进贡物,系属出于至诚。若仍不允准，无以申臣下将敬之忱，转若近于矫情，均着加恩赏收。所有此次呈进贡物之王大臣等，着各赏给福字一方，寿字一方，如意一柄，蟒袍一件，尺头二匹，用示行庆施惠至意。

慈禧太后终于揭去了虚伪的遮羞布，赤裸裸地表示"加恩赏收"贡物，并给呈进贡物的官员以回报，以表"行庆施惠"之意。

颇具讽刺意味的是，就在这一天，日军攻过了鸭绿江，战火烧到了大清境内。然而慈禧太后无视战事危急，执意要将自己的六十万寿庆典继续举办下去，对她来说，自己的六十寿庆是压倒一切的头等大事。

10月28日，光绪帝赏王公大臣"穿蟒袍补褂一月"，隆重的庆典活动正式开始。自此，宫里每天都有隆重的庆祝活动，直到11月24日，庆典活动才告结束。

第六节 帝后暗斗，珍妃受难

就在慈禧太后的六十万寿庆典举办得热火朝天之际，辽东前线的形势急转直下。日方嚣张地表示，攻下旅顺再进行和谈。旅顺成为这场战争一个新的关键点。旅顺当时是中国最大的船坞和军港，如果日军夺取旅顺，就意味着北洋海军失去了维修之地，奉天和京师都将直接面对来自海上的威胁。旅顺的重要性，光绪帝十分清楚。早在9月16日，光绪帝便电谕李鸿章等人，他认为旅顺后路空虚，金州、复州等处，皆宜分兵扼守。命令李鸿章、裕禄各派防军，严密布置，并将办理情形迅速回奏。

11月8日，也就是万寿节次日，光绪帝给李鸿章下达旨意，要求他"力图援救旅顺"，李鸿章立即发电给刚撤回刘公岛的丁汝昌："旅顺警急……寇在门庭，汝岂能避处威海，坐视溃裂？"他命令丁汝昌立即带6艘军舰到大沽，和他面商去旅顺拼战救援事宜。

11月17日，日军对旅顺发起进攻，旅顺船坞总办龚照玙贪生怕死，只顾逃命。11月21日，日军攻占旅顺，对城内居民进行了4天3夜的屠杀，以极其残忍的手段屠杀了近两万人，制造了惨绝人寰、震惊世界的旅顺大屠杀事件。

旅顺号称"东方第一要塞"，清政府"经营凡十有六年，靡巨金数千万，船坞、炮台、军筹，冠北洋"，李鸿章曾自信地认为，旅顺口可固守3年，没想到竟在几天之内沦入敌手，两万同胞惨遭杀害。光绪帝听闻奏报，触目惊心，他没有想到在大清的国土上竟能发生这种骇人听闻的事情，这对他和清政府的刺激都很大。

冤有头，债有主，如此惨剧总要有人来承担责任。11月24日，光绪帝以旅顺失守，百姓惨遭屠戮之事电谕李鸿章，宣布："该大臣（李鸿章）调度乖方，救援不力，深堪痛恨。着革职留任，并摘去顶戴，以示薄惩而观后效。"这次光绪帝没有再对李鸿章客气，他惩处主和派代表人物李鸿章，表明了自己的主战决心，以此警示奕䜣、奕劻、孙毓汶等主和派重臣，并向慈禧太后表明了自己的主战态度。但是慈禧太后被日军的凶残吓破胆，不顾一切地寻求同日本议和。光绪帝严厉惩处了与她站在同一立场的李鸿章，在是战是和的问题上态度越发分明，公开拒绝与主和派合流，这对她推行求和造成了重大阻碍。慈禧太后甚为恼怒，决定反击。

11月26日，即光绪帝惩处李鸿章后的第3天，慈禧太后出手了，她撇开光绪帝，单独一人在仪鸾殿召开军机大臣会议。会上，慈禧太后面色阴沉，首先向诸大臣询问了旅顺失陷的情况，然后话锋一转，竟然开始斥责瑾、珍二妃"有祈请、干预（朝政）种种劣迹"，并下令立即降旨将她们"降为贵人"。

当天，翁同龢在日记中记下了这件事，并且提供了更多细节："（皇太后)谓瑾、珍二妃有祈请、干预种种劣迹,即着缮旨,降为贵人等因(鲁伯阳、玉铭、宜麟皆从中官乞请,河南抚裕宽欲营求福州将军,未果。内监永禄、常泰、高姓皆发,又一名忘之,皆西边人也。)"

11月27日,慈禧太后又命人特制两块禁牌,其中一块是为瑾、珍二妃而制的,上书懿旨:

> 瑾贵人、珍贵人着加恩准其上殿当差随侍,谨言慎行,改过自新。平素装饰衣服,俱按宫内规矩穿戴,并一切使用物件不准违例。皇帝前遇年节照例准其呈进食物,其余新巧稀奇物件及穿戴等项,不准私自呈进。如有不遵者,重责不贷。

这道懿旨主要是针对珍妃的,其中将珍妃的随意着装列为禁条,还不准珍妃在平时向光绪帝呈送物品,企图切断他们之间的感情纽带。

另一个禁牌是赐给隆裕皇后的,上书谕旨:

> 皇后有统辖六宫之责。俟后妃嫔等如有不遵家法,在皇帝前干预国政,颠倒是非,着皇后严加访查,据实陈奏,从重惩办,决不宽贷。

这一懿旨明确授权隆裕皇后统辖六宫、访查妃嫔"在皇帝前干预国政"行为的权力,表面上是在强调隆裕皇后的身份、地位,禁止妃嫔蛊惑光绪帝、干预国政,实则是通过刻意针对光绪帝宠爱的二位妃子,表达她对光绪帝的不满。慈禧太后余怒未息,11月29日,又在仪鸾殿召见军机大臣,斥责二妃(主要是珍妃)"种种骄纵,肆无忌惮",又说"珍位下内监高万枝,诸多不法",命将珍妃景仁宫太监总管高万枝送交刑部,即日正法。

慈禧太后办完这些之后意犹未尽，甚至还试图废掉光绪帝，另立某亲王之孙为新君，但是皇族之人皆知慈禧太后之凶残，知道这个皇帝之位的苦累，不欲贪虚名以受实害，该亲王之孙"佯狂不愿就"，故意装疯不愿当新君，加之恭亲王奕䜣出面阻止慈禧太后另立新君，慈禧太后这才打消了另立新君的想法。

在国难当头的关键时刻，慈禧太后抓住珍妃的一些隐私问题大做文章，公然挑起了一场"内斗"。慈禧太后惩处珍妃，表面上是在整饬朝纲，实际上是在敲山震虎，警诫光绪帝和打击主张抗战的帝党势力。而整个过程中，光绪身为皇帝，既不能及时获知消息，也不能提出反对意见，只能默默承受着慈禧太后的怒火。

第七节 光绪蒙辱，含泪批约

旅顺失守后的第二天，即11月22日，奕䜣与李鸿章经过协商，决定先派担任天津海关税务司的德国人德璀琳赴日试探日方的议和条件。德璀琳与私人秘书泰勒和宓吉一起从天津大沽乘德国商船礼裕号东渡日本，于11月26日抵达神户。德璀琳上岸后访问日本兵库县知事周布公平，说明自己的来意。周布公平将相关情况电告东京，但是日本首相伊藤博文回电说德璀琳非中国使节、和谈全权大臣，拒绝接待，要求清政府派出"具有正式资格的全权委员"与日本会商。11月29日，德璀琳与秘书乘坐礼裕号商船返回天津。

12月4日，慈禧太后授命恭亲王奕䜣任军机大臣。直到此时，奕䜣才又恢复了军机大臣职务。慈禧太后将奕䜣提升为军机大臣，意在加强朝廷中主和派的力量。

这时，辽东前线接连传来不妙的消息，12月9日，日军攻陷复州（位

第四章 / 甲午硝烟，国难当头主抗战

于辽宁省瓦房店市西部），12月13日又攻陷海城（今辽宁省海城市）。慈禧太后害怕日军进犯京津，便不等与光绪帝商量，先指使奕䜣委托美国驻华公使田贝秘密向日本疏通，后于1895年1月14日正式派户部侍郎张荫桓、湖南巡抚邵友濂为全权大臣，并聘美国前国务卿科士达为顾问，赴日本广岛求和。

1895年1月20日，日军2万人在山东荣成湾登陆，偷袭威海卫南、北两帮炮台，并以军舰封锁东、西港口。清军顽强抵抗，由于兵力悬殊，南帮炮台被日军攻占。军事上的胜利，让日本气焰极为嚣张，在广岛将清政府的两位求和代表张荫桓、邵友濂侮辱一番，驱逐回国，同时转告清政府，指名道姓要恭亲王奕䜣或李鸿章充当全权代表与日本谈判。

2月3日，日军占领威海卫。北洋水师困守刘公岛内，一些贪生怕死的水师将领胁逼海军提督丁汝昌投降。丁汝昌宁死不降，于2月11日愤然自杀。2月17日，日军攻陷刘公岛，威海卫海军基地陷落，北洋水师全军覆没。光绪帝十分气愤，电寄李鸿章等人："（北洋水师）雷艇管驾，临敌辄逃。如有由浅沙登岸者，着饬令该地方官拿获，即行正法。"但光绪帝的愤怒是无用的，他既改变不了战局走势，也改变不了慈禧太后求和的想法，也无法杀死任何一个临阵脱逃的兵将。在日军攻陷刘公岛的当天，日本又通过美国驻日公使谭恩转告清政府，必须以割地、赔款为议和条件，否则就无须派代表前往日本。第二天，慈禧太后下令取消对李鸿章革职留任的处分，赏还他三眼花翎和黄马褂，准备让他负责与日本和谈。

此时，辽东战场的形势对清军极为不利。清军先后4次发起收复海城之战，但都被日军击退。2月28日，日军从海城分路进攻，3月4日攻占牛庄（位于辽宁省海城市西部），7日不战而取营口，9日攻陷田庄台（位于辽宁省盘锦市大洼区）。仅仅10天时间，大清6万多大军便从辽河东岸全线溃退。

慈禧太后闻讯十分害怕，决心不惜任何代价与日本求和停战。1895年3月，慈禧太后按照日本的要求，改派李鸿章为头等全权大臣，美国前国务卿科士达为法律顾问，率领代表团前往日本马关（又称下关，日本本州岛西南端港口），与日本首相伊藤博文、外务大臣陆奥宗光等人进行谈判。

3月13日，李鸿章率参议李经方、参赞罗丰禄、伍廷芳、马建忠及美国顾问科士达等人，从天津乘坐德国轮船礼裕号、公义号启程前往日本，于3月19日抵达日本马关，等待他们的将是一场异常艰难而痛苦的谈判历程。

3月20日，中日双方代表在马关春帆楼会见，和谈正式开启。3月24日，在第3轮谈判结束后返回使馆途中，李鸿章突然被日本浪人小山丰太郎用手枪击中面部，受伤严重。日本担心李鸿章遇刺会造成第三国出面干涉，于是主动承诺休战。30日，双方签订休战条约，休战期21天，休战范围限于奉天、直隶、山东各地。此后，中日代表又进行了3轮谈判，日方提出十分苛刻的议和条款，并要求中方在三到四日内答复，主要包括：确认朝鲜独立；中国向日本赔偿军费库平银（清朝国库使用的标准货币单位。《马关条约》规定1库平银相当于575.82英厘，或37.2654克纹银）三亿两；中国割让台湾岛及其附属岛屿、澎湖列岛、辽东半岛给日本；中国向日本开放北京、沙市、重庆、苏州、杭州、湘潭和梧州七处通商口岸；日本获得长江、西江、吴淞江及运河等内河航行权范围；中国需提供日本驻军地点及所需军费。

李鸿章多次要求日方降低条件，但均遭拒绝。4月14日，清政府电令李鸿章遵旨签约。4月17日上午，李鸿章代表清政府与伊藤博文签订了丧权辱国的《马关条约》。同时，应伊藤博文的要求，条约经两国皇帝批准后，于5月8日在烟台互换后生效。

《马关条约》签订的次日（4月18日），李鸿章便率谈判小组成员乘船回国。当船到达天津大沽时，李鸿章立即派专人携带条约文本由大沽乘火车星夜直趋北京，将条约文本送至总理衙门，自己则回到天津的署邸，称病不出。

《马关条约》的签订，激起全国人民的强烈愤慨，人们一致谴责李鸿章，"国人皆曰可杀，万口一词"。朝廷内外，海峡两岸，要求废约、坚持抗战的呼声此起彼伏，全国上下迅速形成了一场反对《马关条约》和声讨日本侵略者的怒潮。

4月21日，日本明治天皇批准了《马关条约》。4月25日，日本又让美国驻日公使谭恩转电北京，催问清政府何时批准条约。

此时，光绪帝的内心处于激烈的斗争之中，是答应日本的无理要求批约，还是断然拒绝、继续再战？光绪帝举棋不定，难下决断。从内心来说，光绪帝是不愿意批约的，他得知《马关条约》的内容后曾感慨："台湾去，则人心皆去，朕何以为天下主？"然而，此时朝廷内外交困，外有强敌压迫，内有以慈禧太后为首的主和派从中作梗，他孤掌难鸣，实在难以扭转乾坤。

就在这时，传来俄、德、法三国干涉还辽的消息。俄、德、法三国出于自身利益的考虑，打算出面干涉日本，要求日本放弃占领辽东半岛。光绪帝似乎看到一线希望，意欲废约，与日本再次开战。然而再战又与慈禧太后的乞和意图相悖，光绪帝也不敢自行决断。

4月25日，光绪帝命庆亲王奕劻和其他几位军机大臣请见皇太后，以试探慈禧太后的口气。可是慈禧太后却让身边太监传出懿旨，声称"今日偶感冒，不能见，一切请皇帝旨办理"，把难题推给了光绪帝。老谋深算的慈禧太后当然是主和并希望光绪帝批约的，但是《马关条约》的条款极为苛刻，慈禧太后不想承担卖国的罪责，故此称病推托，让光绪帝来承担这个千古骂名。

处于为难之中的光绪帝，为了摸清再战的可能性并从朝廷外部争取支持力量，于当日（4月25日）向钦差大臣刘坤一及直隶总督王文韶发出电谕，征求他们关于和战的意见。

与此同时，朝廷里围绕是否废约再战展开了激烈的争论。文廷式、河南道监察御史易顺鼎等人认为要废约必须坚持抗战，要继续抗战只有持之以久，要持久必须"以迁为战"，主张迁都西安，与日本打持久战。翁同龢表示赞同文廷式、易顺鼎的主张，光绪帝接受"西迁"之策。但是奕劻、孙毓汶等主和派人物却持反对意见，声称"岂有弃宗庙社稷之理"，"战万无把握，而和则确有把握"。

4月27日，光绪帝亲自向慈禧太后面陈"西迁"之议，并力求全力争取废约。慈禧太后听后竟冷冰冰地说"不必"，然后又对光绪帝说道："和战之局汝主之，此（迁都）则我主之。"慈禧太后以不冷不热的语气拒绝了迁都之议，光绪帝深感失望。

4月30日清晨，刘坤一、王文韶分别给光绪帝发来回电。

刘坤一在回电中表示强烈反对《马关条约》，明确指出现在"宜战不宜和"，强调持久的战略主张，但是最后又表示"坤职在兵戎，宗社所关，惟有殚竭血诚，力任战事，此外非所敢知"。意思是刘坤一只管督令军队与日军作战，除此之外的事情不是他想知道的，言外之意就是，和战一事事关重大，他万不敢擅自做主，应由朝廷和光绪帝决定。

王文韶的回电内容与刘坤一的回电内容大同小异。他在电文中也表示愿意遵从光绪帝旨意，"不和即战"，并提出聂士成等军队必可与日军一战，但随后话锋一转，说"现在事可胜不可败，势成孤注"，建议和战之事由"军机大臣、督办军务处、总理衙门通盘筹议，请旨定夺"。王文韶闪烁其词，对光绪帝敷衍塞责，把球又踢给了光绪帝。

这天上午，在慈禧太后的授意下，奕䜣出面在他的府邸召集军机大臣翁同龢、李鸿藻、孙毓汶、徐用仪以及步兵统领、慈禧太后亲信荣禄等人，商讨和战一事。孙毓汶、徐用仪抓住刘坤一、王文韶的回电内容大做文章，说刘、王回电虽言"可战"，却"非真有把握"，不可轻言再战，奕䜣、荣禄也随声附和，翁同龢、李鸿藻相顾失色。翁同龢以俄、德、法三国正在干涉日本割占辽东半岛为由，建议延期批约，以待转机，并与孙毓汶、徐用仪等人发生争执，无奈寡不敌众，批约之议遂定。

刘坤一、王文韶的回电让光绪帝深感失望，而他所倚重的老师翁同龢也无能为力，慈禧太后避而不见、置身事外，孙毓汶、徐用仪等主和派人物甚嚣尘上，催促他批约，光绪帝陷入极大的痛苦和彷徨之中，踌躇无计，寝食难安，他深刻地明白了为什么皇帝身为九五之尊，却仍称"孤家寡人"。恰在此时，津沽一带连降暴雨，北洋军营地遭到严重破坏。翁同龢在日记中记载道："新河上下各营被冲，水深四五尺，淹毙甚多，计六十余营被其害，北自秦王岛，南至埕子口，皆然。此时值此奇变，岂非天哉！"

那时人们笃信天象示警的古训，或许受此影响，孤掌难鸣的光绪帝终于决定批准《马关条约》。5月2日，光绪帝在和约上签字；3日，光绪帝在《马关条约》的文本上盖上皇帝玉玺。

光绪帝的内心痛苦万分，他知道这一签一印，会让自己遗臭万年，成为万世罪人。但是朝堂上的孤独、战场上的失利，让他别无选择。翁同龢记载，光绪帝签此合约时，"绕殿急步约时许，乃顿足流涕，奋笔书之"，"战栗哽咽，承旨而退。书斋入侍，君臣相顾挥涕，此何景象耶？"

5月4日，在俄、德、法的干涉下，日本宣布放弃辽东半岛，但要求中国向日本支付3000万两白银作为"赎回"费。5月8日，光绪帝派二品顶戴候选道伍廷芳和三品衔升用道联芳为钦差大臣，与日本全权办理大臣伊东巳代治在烟台互换条约。《马关条约》至此正式生效，历经近9个月的中日甲午战争，以中国被迫签订屈辱和约而告终。在换约后发布的朱谕中，光绪帝将"天心示警，海啸成灾，沿海防营，多被冲没，战守更难措手"列为批准条约的理由之一。

《马关条约》是光绪帝批准生效的，就这一事实本身而言，光绪帝蒙辱批约的污迹难以抹杀。但是纵观光绪帝蒙辱批约的一系列情形来看，《马关条约》得以被批准的罪责，应在慈禧太后和以她为首的清政府主和派人物身上。而光绪帝的作用仅是象征意义的，即他依然代表着最高皇权，但事情本身完全无法按照他的想法去执行。

中日甲午战争爆发以后，慈禧太后、奕䜣、李鸿章等人就坚持推行妥协、投降的误国方针，不断阻挠主战派积极对日作战，而且慈禧太后还在幕后设下圈套，指使奕䜣、李鸿章、孙毓汶、徐用仪等人步步紧逼，使光绪帝四面受困，最终在不能做主的情况下被迫批准《马关条约》。在整个事件过程中，光绪帝只不过是扮演了一个"替罪羊"的可悲角色罢了。

第五章 改弦更张，变法雪耻图自强

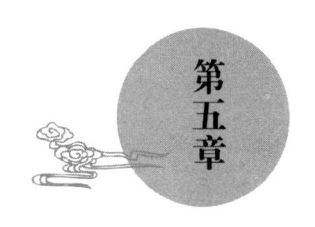

中日甲午战争后，帝国主义列强掀起了瓜分中国的狂潮，亡国之祸迫在眉睫。在康有为、梁启超等维新派人物的协助下，光绪帝毅然连下诏书，发起了一场波澜壮阔的变法运动——戊戌变法，在沉睡已久的神州大地的上空出现了一线希望之光。

第一节 难忘国耻，决意变法

《马关条约》虽已批准交换，但在国内激发的民愤仍然难以平息。1895年5月2日，就在光绪帝批准《马关条约》的当天，康有为联合在京的各省1300多名举人发起了著名的"公车上书"，吹响了变法图强的号角。

为平息民众的愤懑之情，光绪帝于批准换约的第4天颁发谕旨，肯定了举子、百姓们反对割地赔款的一腔热忱，说自己也是"宵旰彷徨，临朝痛哭",希望民众谅解他忍辱负重的苦衷,并痛切表示,将会想尽一切办法,使大清强盛起来:"嗣后我君臣上下,惟期坚苦一心,痛除积弊,于练兵筹饷两大端实力研求,亟筹兴革,毋生懈志,毋骛虚名,毋忽远图,毋沿积习,务期事事核实,以收自强之效。"作为一位皇帝,光绪帝已经意识到是时候作出一场变革了,他力图务实振兴,使国家出现新气象。

中日甲午战争给中国造成了巨大的冲击,加快了社会各阶层民众的觉醒,推动了民族救亡运动的高涨,也激发了光绪帝励精图治、奋起救国的意志。战争的血雨腥风让年轻的光绪帝犹如经历了一场噩梦,但是光绪帝并没有因为甲午战争的惨败而消沉颓废,而是在失败中反思,积极寻求洗雪国耻、振兴国家的"良方"。可以说,中日甲午战争成了光绪帝思想转变的分水岭。

早在光绪帝在上书房读书期间,翁同龢就曾有意识地向他介绍一些具有变革思想的书籍,让他接触"新学",接受新思想的熏陶。这些书籍有顾炎武的《天下郡国利病书》,魏源的《海国图志》,冯桂芬的《校邠庐抗议》等。《校邠庐抗议》提出了改革科举、制造洋器、采用西学等全新的观点,1889年(光绪十五年)光绪帝看完这本书后,亲自挑出了其中的6篇,装订为一册,放在案头时常阅读。

翁同龢还将陈炽的《庸书》和汤震的《危言》推荐给光绪帝阅读,这两本书是维新派人士陈炽、汤震为挽救自中法战争以来日益严重的国家危机,倡导维新变法而写的著作。陈炽、汤震的著作中,宣传"采西法而变通",倡导收回权利、振兴工商、发展文化与教育事业,希望朝廷能够"合君民为一体,通上下为一心"。

现在,时值国家危难之际,光绪帝又对这两本宣传维新变法的书籍产生了兴趣,找出这两本书仔细研究起来,试图从中寻求国家的新出路。到《马关条约》互换生效后,光绪帝在向天下臣民颁发的朱谕中,便明确提出要"痛除积弊""详筹兴革"。至此,光绪帝已产生了改弦更张、变革图强的愿望,也萌生了突破慈禧太后封锁的想法。

但是,想要改变现状谈何容易,光绪帝遇到了极大的阻力。为了尽快找到一条合适的变革图强的道路,光绪帝多次征询朝臣们的意见,但是却遭到顽固守旧派大臣的强烈反对。据苏继祖《清廷戊戌朝变记》记载:"自甲午乙未兵败,割地求和偿款,皇上日夜忧愤,益明中国致败之故,若不变法图强,社稷难资保守。每以维新宗旨商询于枢臣,辄以祖宗成法不可改,夷法不足效,屡言而驳之,上愤极,往往痛哭而罢。"

就在满怀救国热忱的光绪帝重新陷入极度痛苦和迷茫之际,事情出现了转机。6月3日,资产阶级维新派代表、工部主事康有为的《上清帝第三书》摆在了光绪帝面前,光绪帝阅后心头一亮,精神为之一振。

康有为是广东省南海县(今广东省佛山市南海区)人,1858年(咸丰八年)生于一个官僚地主家庭,1879年(光绪五年)开始接触西方文化。1882年(光绪八年),康有为到北京参加顺天乡试,没有考取功名。1888年(光绪十四年),康有为再一次到北京参加顺天乡试,借机第1次上书(即《上清帝第一书》)光绪帝,痛陈国家的危亡局势,请求变法,并提出了"变成法,通下情,慎左右"三条纲领性主张。这是康有为第一次系统地向社会公开自己改革的政治主张,也是维新派发动变法运动的第一个信号。康有为的第一次上书被都察院转交给翁同龢,翁同龢认为其语言过激,没有上呈光绪帝。1891年(光绪十七年)后,康有为在广州设立万木草堂,讲学著书,宣传自己的变法主张,弟子有梁启超、陈千秋等人。

1895年(光绪二十一年)春,37岁的康有为又一次到北京参加顺天乡试。这时《马关条约》签订的消息传到北京,康有为悲愤难忍,当即写成万余言的《上清帝第二书》,联合在京的1300多名举人于5月2日联名请愿,发起"公车上书",坚决反对签订《马关条约》,提出了拒和、迁都、练兵、变法等救国主张,建议光绪帝"下诏鼓天下之气,迁都定天下之本,练兵强天下之势,变法成天下之治"。这次上书因遭到军机大臣孙毓汶的反对未能上达光绪帝。不久,朝廷发榜,康有为中进士,授工部候补主事,但康有为没有到任。

1895年5月29日(光绪二十一年五月初六),康有为第3次向光绪帝上书(即《上清帝第三书》),第一次系统阐述了变法的步骤,提出了富民、养民、教士、练兵四条自强雪耻之策,强调要实施上述四策,关键在于"求人才而擢不次,慎左右而广其选,通下情而合其力",以求"人才得,左右贤,下情达"。

康有为的这次上书由都察院代呈,几经转呈终于到了光绪帝的手里。在此之前,翁同龢曾多次向光绪帝推荐康有为,认为"康有为之才过臣十倍",光绪帝对康有为已经产生了好感。这次光绪帝看到康有为的上书后,欣喜不已,下令军机处抄录3份,一份存于自己召见官吏、处理政务的乾清宫,一份存于西苑(今中南海)自己办公的勤政殿,一份存于军机处,并下令抄发各省督抚、将军会议复奏。

光绪帝对康有为的这次上书极为重视,他似乎找到了一位知己,将这份奏疏"留览十日",乃"毅然有改革之志"。康有为的这次上书,使光绪帝坚定了变法的意志。

6月30日,康有为第4次向光绪帝上书。在这次上书中,康有为建议光绪帝实行全面的根本性改革,"尽弃旧习,再立堂构","设议院以通下情",另外还要"立科以励智学",改革科举制度,增设自然科学科目,奖励创新发明,使"国人踊跃,各竭心思,争求新法"。但这次上书,又受到顽固守旧派大臣的阻挠,未能上呈给光绪帝。

从5月2日至6月30日的两个月中,康有为连续3次上书,系统地提出了变法纲领,将维新变法运动推向了第一个高潮,康有为也成了人们公认的维新运动的领袖。

第五章 / 改弦更张,变法雪耻图自强

与此同时,一些有忧国之心的朝臣也纷纷上奏光绪帝请求更张变法,奏折如雪片一样飞到光绪帝的手中。这些吁请改弦更张、变法雪耻的奏疏,让处在困惑中的光绪帝心情豁然开朗,受到了极大的鼓舞和启发。于是,光绪帝开始试探性地实施变法举措。7月15日,光绪帝颁发谕旨,命各部院官员和各省将军、督抚荐举人才。

> 为政之要,首在得人。前谕中外臣工保荐人才,业经次第擢用。当兹时事多艰,尤应遴拔真才,藉资干济。着各部、院堂官及各直省将军、督、抚等,于平日真知灼见,器识闳通,才猷卓越,究心时务,体用兼备者,胪列事实,专折保奏。其有奇才异能,精于天文、地舆、算法、格致、制造诸学,必试有明效,不涉空谈,各举专长,俾资节取。

这道谕旨体现了光绪帝此时渴求人才,想要依靠各专业人才推行变法的迫切心理。7月19日,光绪帝又颁布谕旨,向各省将军、督抚征询渡过难关的良策。光绪帝在谕旨中强调,"自来求治之道,必当因时制宜。况当国事艰难,尤应上下一心,图自强而弭祸患","当此创巨痛深之日,正我君臣卧薪尝胆之时",要求各省将军、督抚加倍努力,共渡难关。

在中日甲午战争惨败、签订丧权辱国的《马关条约》后,光绪帝产生了深切的忧危之心,激发了奋起救国、洗雪国耻、励精图治、变法图强的强烈愿望,他的这种愿望顺应了时代的要求,也是广大有志臣子、爱国军民的心声。

总而言之,与中日甲午战争前相比,此时的光绪帝无论是精神面貌还是思想都发生了巨大的变化。正如曾在清宫为慈禧太后画像的美国人卡尔女士所说的:"光绪帝在亲政之初自己并无所主张,而对于中国将来之进步,亦漠不关心……中日一战而后,中国割地赔款,莫大之耻辱,

光绪帝如梦初觉,慨然以发愤自强为己任。故中日战前与战后之光绪帝,不啻判若二人。"

康有为在几次上书没有得到反馈消息后,认识到"开风气、开知识,非合大群不可",要继续宣传变法维新,推动改良主义的政治运动,就必须引起更多人的注意,把人们联络起来成立一个固定的组织。1895年8月,在光绪帝和翁同龢的支持和资助下,由康有为发起,侍读学士文廷式出面,在北京成立强学会,以陈炽为会长,梁启超为书记员,推举康有为起草强学会章程。此外,列名会员的还有沈曾植、丁立钧、杨锐、江标、袁世凯等人。

强学会是维新派创立的第一个政治团体,其宗旨是"求中国自强之学",学会每10天集会一次,每次都有人发表演说,宣讲维新变法、挽救危局、图谋富强的主张。强学会通过开展宣传活动、发行报刊,让越来越多的人了解到维新派的变法主张,变法图强的思想日渐深入人心,但这违背了以慈禧太后为首的顽固守旧派的利益。

1896年1月21日(光绪二十一年十二月初七),御史杨崇伊上奏弹劾强学会"结党敛财,私议朝政",要求封禁并严惩创办之人,慈禧太后趁机强迫光绪帝下旨关闭强学会。北京强学会遭封禁,改为官书局,上海强学会也随之解散。康有为怀着沉痛的心情离开北京,踏上南归的旅程。光绪帝的图强征程刚刚打开局面,就出现了巨大的波折。

2月15日,慈禧太后下令裁撤毓庆宫汉书房,解除翁同龢的帝师之职,其实是拔除了光绪帝与翁同龢会面议事的据点。至此,翁同龢失去了20多年帝师的身份,同时也失去了与光绪帝在汉书房"造膝独对"的机会。

同年6月,光绪帝的生母婉贞在饱受思子之苦的折磨后,一病不起。慈禧太后允许光绪帝回醇王府探望他的母亲。时隔多年,婉贞终于又见到了自己牵肠挂肚的儿子,她百感交集,纵有千言万语也无从说起,母子二人只是四目相对，始终也没有说一句话。

1896年6月17日（光绪二十二年五月初七），婉贞——光绪帝的生母带着无限的怨恨离开了人世，时年55岁，与奕谭合葬于北京西山妙高峰醇亲王墓。婉贞去世后，光绪帝辍朝11天，并尊婉贞为"皇帝本生妣"。

第二节 有为上书，纵论变法

1897年（光绪二十三年）11月，德国以两名传教士在山东被杀为由，强占胶州湾等地，1898年（光绪二十四年）迫使清政府签订《胶澳租界条约》。紧接着，俄国出兵占据旅顺、大连；法国强租广州湾；英国强租深圳湾、大鹏湾、威海卫；日本强迫清政府声明不割让福建与他国。帝国主义列强纷纷强占大清领土，民族危机空前严重，亡国危机迫在眉睫。

康有为在强学会被禁后离开北京，回到了广东老家，继续在广州万木草堂从事讲学活动，同时著书立说。其间，鉴于中国人口众多且灾难日深，康有为又萌生了通过对外移民"以存吾种"的念头，并为此多方联系。

1897年11月，康有为又一次来到北京，准备为港、澳商人办理移民巴西之事，此时正好发生了德国强占胶州湾事件。康有为满怀激愤，立即联络在京的各省士大夫组织地方性的学会，研究救亡图存之策。一时间，各种以救亡图存为目的的学会纷纷成立，如康有为发起的粤学会，杨锐发起的蜀学会，林旭、张铁君发起的闽学会，杨深秀、宋伯鲁、李岳瑞发起的陕学会，等等。

12月5日，康有为第5次向光绪帝上书（即《上清帝第五书》），他尖锐地指出，德国侵占胶州湾之后，中国已经"瓜分豆剖，渐露机牙"，亡国之祸即在眼前,吁请光绪帝"及时变法,图保疆圉",并且强调图保自存之道,除变法外别无他策。接着,康有为慷慨激昂地忠告光绪帝,如仍苟且度日,因循守旧,不奋起变法图强,恐日后皇上与诸臣想做一名百姓都是奢望。

同时,康有为还就变法的步骤、要点等进一步作了详细的陈述,让光绪帝取法于日本明治天皇、俄国彼得大帝,给光绪帝列出了具体的救国方法。除了建议光绪帝下罪己诏,以励人心、激士气,招揽群才以广开言路等事外,康有为再次将西方议会制度的内容具体化,提出了开国会、定宪法的要求,建议光绪帝将"国事付国会议行",从而摆脱慈禧太后"一言堂"的现状,做到"尽革旧俗,一意维新"。

在律法和吏治层面,应"采择万国律例,定宪法公私之分。大校天下官吏贤否,其疲老不才者,皆令冠带退休。分遣亲王及俊才出洋,其未游历外国者,不得当官任政"。同一时期的何启、胡礼垣、陈炽、梁启超等人也在他们各自的著作中提出了类似的主张。

此外,康有为还为光绪帝提供了变法三策:上策为"采法俄日以定国是";中策为"大集群才而谋变政";下策为"听任疆臣各自变法"。三策中,若行上策则国家可以强盛,若行中策则国家尚可维持积弱的局面,若行下策也不至于亡国。最后,康有为语重心长地劝说光绪帝,"宗社存亡之机,在于今日。皇上发愤与否,在于此时",恳请光绪帝尽快变法,以挽救危局。

这次上书是康有为历次上书中阐述变法内容最为详尽的一次,康有为指出大清应学习俄、日变法的经验,走日本明治维新的道路,并且第一次提出了制定宪法的主张,明确了实行君主立宪制的轮廓。整篇上书情真意切,句句都是椎心泣血之语,显示了康有为深切的忧国之心、强烈的爱国之情和赤诚的报国之志。这些主张在当时的情况下,不无理想化之处,但也显示了康有为追求资产阶级君主立宪制的愿景。

第五章 / 改弦更张，变法雪耻图自强

康有为请工部尚书松溎向光绪帝代呈自己的这次上书，松溎阅后，以"言词过激"为由不肯代呈。但是康有为的上书内容却不胫而走，被京城士大夫广为传抄，并在天津、上海、长沙维新派的报纸上发表，影响很大。

第5次上书又受阻，康有为深感失望，打算南归，恰在此时，事情出现了转机。翁同龢得知了康有为要离京的消息，在12月12日清晨，冒着凛冽的寒风，来到康有为在北京的住所南海会馆汗漫舫，告诉康有为光绪帝已闻知了他的事迹，对他十分赞赏，希望他继续留在北京。次日，给事中高燮曾为康有为上了一份正式奏荐折，赞颂康有为"学问淹长，才气豪迈，熟谙西法，具有肝胆"，请求光绪帝召见康有为。

光绪帝早就产生了召见康有为的念头，只是碍于慈禧太后对维新人士的排挤打压而不好实现，现在见翁同龢、高燮曾都向他举荐康有为，于是光绪帝准备召见康有为，提拔留用。奕䜣得知消息后，立即出面阻拦，说按照朝廷惯例，皇上不能召见非四品以上官员，康有为只是一位六品小官，不在皇上召见之列。奕䜣建议光绪帝，将康有为先传至总理衙门一谈，如果确实是可用之才，破例亦可，否则作罢。光绪帝只得传旨，命令总理衙门大臣接见康有为，询问天下大计以及变法之宜，并将商讨内容以及康有为的政论著述由总理衙门转呈给自己。

1898年1月24日（光绪二十四年正月初三）下午，大学士李鸿章、户部尚书翁同龢、兵部尚书荣禄、刑部尚书廖寿恒及户部左侍郎张荫桓五人在总理衙门西花厅接见了康有为。此次谈话的内容，在《康南海自编年谱》中有较为详细的记录，情况约略如下。

　　荣禄：祖宗之法不能变。
　　康有为：祖宗之法，以治祖宗之地也，今祖宗之地不能守，何有于祖宗之法乎？即如此地为外交之署，亦非祖宗之法所有也。因

时制宜，诚非得已。

廖寿恒：宜如何变法？

康有为：宜变法律，官制为先。

李鸿章：然则六部尽撤，则例尽弃乎？

康有为：今为列国并立之时，非复一统之世。今之法律官制，皆一统之法，弱亡中国，皆此物也，诚宜尽撤。即一时不能尽去，亦当斟酌改定，新政乃可推行。

翁同龢：如何筹款？

康有为：日本之银行纸币，法国印花，印度田税，以中国之大，若制度既变，可比今十倍。

接着，康有为侃侃而谈，一一介绍了西方国家关于法律、度支（预算开支）、学校、农商、工矿、铁路、邮信、会社、海军、陆军等方面的概况，并说可以先借鉴日本的变法，因为"日本维新，仿效西法，法制甚备，与我相近，最易仿摹"，最后他自荐了自己最近编撰的《日本变政考》《俄大彼得变政记》两本书，以供光绪帝审查、参考。这次接见直到黄昏时才结束。

次日，翁同龢将昨天几位大臣接见康有为的情况向光绪帝做了汇报。光绪帝听罢，对康有为更加欣赏，也对变法之事更加充满信心，并命总理衙门将康有为的《上清帝第五书》及《日本变政考》《俄大彼得变政记》尽快呈送给自己。光绪帝看过康有为的《上清帝第五书》后，被康有为的这份情真意切、立意高远、见解独特的奏折深深打动，进而折服，极为动情地赞叹："非忠肝义胆，不顾死生之人，安敢以此直言陈于朕前乎？"

光绪帝想立即召见康有为，但是奕䜣又出面阻拦，建议先让康有为上奏自己的变法主张，如果确有可取之处，再召见也不迟。光绪帝只得同意。

1月29日，光绪帝谕令总理衙门："自后康有为如有条陈，即日呈递，无许阻格，并命康有为具折上言。"至此，光绪帝打通了一条自己与维新派人士联系的渠道，维新变法的历程也由此加快。

同一天，康有为第6次向光绪帝上书（即《上清帝第六书》），并顺利地由总理衙门进呈给光绪帝。在《上清帝第六书》中，康有为强调变法势在必行，"能变则全，不变则亡；全变则强，小变仍亡"，请求光绪帝效法日本，推行一场全面维新，若要变法，应当首先抓好三件事。

第一，大集群臣于天坛、太庙，或御乾清门，诏定国是。躬申誓戒，除旧布新，与民更始。令群臣具名上表，咸革旧习，黾勉维新，否则自陈免官，以激励众志。

第二，设上书所于午门，日轮派御史二人监收，许天下士民，皆得上书；其群僚言事，咸许自达，无得由堂官代递，以致阻挠；其有称旨者，召见察问，量才擢用，则下情咸通，群才辐辏矣。

第三，设制度局于内廷，选天下通才十数人，入直（值）其中，王公卿士，仪皆平等……皇上每日亲临商榷，何者宜增，何者宜改，何者当存，何者当删，损益庶政，重定章程，然后敷布施行，乃不谬紊。

康有为指出，要推行新政，必须在朝廷内外设立分局，专门分管具体事务，"既立制度局总其纲，宜立十二局分其事"，十二局分别是法律局、度支局、学校局、农局、商局、工局、矿务、铁路、邮信、会社、海军、陆军。

《上清帝第六书》是康有为历次上书中最重要的一书，在这封上书中，康有为提出了系统而具体的变法建议。这份奏折充分表达了维新派的改革主张和施政方针，成为后来指导"百日维新"的变法指南。光绪帝非常重视康有为的这次上书，谕令王公大臣讨论如何实施，可是王公大臣却要求先请示慈禧太后。慈禧太后听了王公大臣的请示后，指示"尽管驳议"。王公大臣自然明白慈禧太后的态度，于是逐条驳回了康有为的建议。最终，康有为的这次上书又以失败告终。

3月12日，康有为第7次上书光绪帝——《译纂〈俄大彼得变政记〉成书可考由弱致强之故呈请代奏折》（即《上清帝第七书》）。在上书中，康有为指出，"以君权变法，转弱为强，化衰为盛之速者，莫如俄前主大彼得，故中国变法，莫如法俄；以君权变法，莫如采法彼得"，鼓励光绪帝学习俄国彼得大帝的改革经验，以求得变法成功。

康有为的七次上书，在如何实施维新变法方面给了光绪帝极大的启示，也使光绪帝受到了巨大的鼓舞，在促使光绪帝下定决心革除旧法、推行新法等方面起到了不可替代的作用。

4月12日，在先前成立的粤学会、蜀学会、闽学会、陕学会等地方性学会的基础上，康有为又联合来京应试的举人及北京的一些士大夫组建了一个全国性的大会——保国会，在北京、上海设总会，各省、府、县设分会，以"保国、保种、保教"为宗旨，频繁集会，呼吁救国，宣传变法。

保国会的活动遭到了朝中顽固守旧派大臣的嫉恨和极力反对，他们攻击保国会"保中国不保大清""名为保国，势必乱国"，守旧大臣刚毅等极力主张查禁保国会。但是光绪帝对保国会大加赞赏，挺身而出，指出"会能保国，岂不大善"，明令不予查禁，有力地维护了保国会和维新派的发展。

保国会虽然没有被朝廷正式查禁，但在顽固守旧派大臣的竭力阻挠、破坏下，也基本上停止了活动，加上保国会成员复杂，内部意见不一，因此不久便自动解散了。保国会虽然"夭折"了，但是它的影响力仍然存在，它宣传的维新派的一系列变法主张，唤起了民众救亡图存的意识，激发了民众的爱国热情，变法图强的浪潮愈加高涨。正如梁启超所说的，此后"各省志士纷纷继起，自是风气益大开，士心亦加振厉，不可抑遏矣"。

第五章 / 改弦更张，变法雪耻图自强

第三节　帝后争锋，矛盾激化

1898年春，随着民族危机的加剧，光绪帝的思想发生了急剧的变化，其思想认知向着更高的境界发展。

早些时候，翁同龢和张荫桓时常向光绪帝讲述欧美等西方国家和日本的富强之道，使光绪帝大受震撼，他开始关注、研究外国的政治局势，并喜欢阅读介绍外国政治制度及国情的书籍。1898年2月14日（光绪二十四年正月二十四日），光绪帝从翁同龢那里得到了黄遵宪的《日本国志》一书，开始仔细研读起来。

黄遵宪是广东省梅县人，1876年（光绪二年）参加顺天乡试中举，次年出任清政府驻日使馆参赞，后又历任驻美旧金山总领事、驻英使馆参赞等职。1894年（光绪二十年）底，黄遵宪结束外交生涯回到国内，任江宁洋务局总办。之后黄遵宪热衷维新变法，1895年（光绪二十一年）参加上海强学会，1896年（光绪二十二年）与梁启超、谭嗣同等人创办《时务报》。1897年（光绪二十三年），黄遵宪出任湖南长宝盐法道、署（代理）湖南按察使，其间他积极协助湖南巡抚陈宝箴进行政治、经济、文化、教育等方面的改革。出使日本期间，黄遵宪深入了解日本国情，搜集各种资料，花费8年时间撰成共40卷约50万字的《日本国志》。该书详细介绍了日本明治维新前后政治、经济、军事及社会风俗等方面的情况，论述了日本变革的经过及其得失。黄遵宪希望大清借鉴日本的经验，通过维新变法变得繁荣富强起来。

光绪帝早就了解黄遵宪，对他很是欣赏。1896年（光绪二十二年）9月，急于变法维新的光绪帝召见了黄遵宪。光绪帝问："西方国家的政治，何以胜中国？"

黄遵宪回答："西方国家之强，都是自变法而开始。即便是伦敦，百年以前，尚不如中华。"光绪帝听后，感到既惊讶又兴奋，于是对黄遵宪更加器重。

光绪帝细心阅读黄遵宪的《日本国志》，获得了巨大的启益，对日本的政治制度和现状有了新的认识。随后，在光绪帝的催逼下，总理衙门又将康有为的《日本变政考》《俄大彼得变政记》，以及英国传教士李提摩太编译的《泰西新史揽要》《列国变通兴盛记》等书进呈给光绪帝。

光绪帝得到这些新书如获至宝，如饥似渴地阅读学习。之后，光绪帝又通过各种途径买来西方的政书，通过认真阅读这些介绍外国通过变革由弱而强的书籍，光绪帝视野日益开阔，思想认知也有了显著的提高，更加质疑"祖宗之道"的正确性，转而以中外对比的视角来观察时下大清的社会现状。光绪帝意识到，大清需要像日本明治维新那样弃旧创新、变法图强，才能摆脱亡国的危机。光绪帝虽然受慈禧太后压制，但他变法图强的愿望越来越强烈了。

光绪帝决定要变法，但这谈何容易。朝廷之下，各地因循守旧的官吏们只想苟且度日，抵制变法；朝廷之上，顽固守旧派大臣死守"祖宗之法不可变"的信条，阻挠变法，还有大清实际的最高统治者，顽固守旧派的最大靠山——慈禧太后在监视着他的一举一动。

慈禧太后此时虽隐居颐和园，但是她的双眼一直紧盯着紫禁城，丝毫没有放松对光绪帝的管束。慈禧太后早就吩咐李连英派出大批亲信太监，作为其耳目分布于宫内的各个角落，严密监视光绪帝的一举一动，一旦光绪帝有任何异常言行，便报告于太后。经慈禧太后一手提拔的军机大臣世铎、刚毅、荣禄等人，对她唯命是从，也会随时将朝廷内的动向报告她。

而光绪帝也要遵循慈禧太后给他立下的规矩，时常到颐和园向她问

第五章 / 改弦更张，变法雪耻图自强

候请安，他受制于慈禧太后的状况仍没有改变。虽然光绪帝已经亲政，也能够独自召见大臣商讨政事，但是他并没有裁决政事的实际权力，每遇重要的国事，必先禀报慈禧太后，然后降谕，"朝中大事，帝与大臣皆知必须（向慈禧太后）禀白而后行"。

恰在此时，传来奕䜣病危的消息。慈禧太后和光绪帝得知消息后，数次前往恭王府探视奕䜣。一天，躺在床上处于弥留之际的奕䜣挣扎着对光绪帝说："闻有广东举人（指康有为）主张变法，当慎重，不可轻任小人也。"慈禧太后在一旁赶忙提醒光绪帝记住奕䜣的话。

但是光绪帝并没有听从慈禧太后的话，1898年（光绪二十四年）5月下旬，奕䜣病逝之前，一向对慈禧太后唯唯诺诺的光绪帝，第一次公开向慈禧太后表达了自己对她的不满，要慈禧太后还权于他。光绪帝召来庆亲王奕劻，对他说自己决意要变法图强，挽救国家，并让奕劻转告住在颐和园的慈禧太后："太后若仍不给我事权，我愿退让此位，不甘作亡国之君。"

奕劻是个胆小圆滑之人，去往颐和园后，拐弯抹角地将光绪帝的话转告慈禧太后。慈禧太后一听勃然大怒，厉声说道："他不愿坐此位，我早已不愿他坐之。"

奕劻见慈禧太后动了怒，担心事情闹大，赶忙从旁劝解慈禧太后不可妄言废立。慈禧太后方才悻悻地说道："既然如此，那就由他去办，等他办不出模样再说。"

至此，慈禧太后总算松了口，对光绪帝做出一点让步，而光绪帝也得到了慈禧太后的口头"承诺"，初步有了独自办事的权力。

1898年5月29日（光绪二十四年四月初十），奕䜣终因病重不治薨逝，终年67岁，他和慈禧太后之间所有的恩怨也都随之烟消云散。慈禧太后感念奕䜣当年在"辛酉政变"中拥戴自己的功劳，与光绪帝一同前往恭王府祭奠，并下懿旨赠奕䜣"忠"的谥号，入祀贤良祠，配享太庙，让

他的孙子溥伟承袭恭亲王爵位。

奕䜣对变法持慎重态度，不主张光绪帝变法，薨逝前还留下遗言，告诫光绪帝"凡事皆谨遵太后之意旨而行"。奕䜣本非因循守旧之人，1861年1月11日（咸丰十年十二月初一），他曾与军机大臣文祥、桂良等人一起上折，提出成立总理各国事务衙门、设立南北口岸管理大臣等建议，吹响了洋务运动的号角，他积极支持曾国藩、左宗棠、李鸿章等汉族大臣开展洋务运动，使遭受两次鸦片战争打击的大清没有在列强的枪炮下快速灭亡，苟延残喘到今日。

奕䜣晚年不赞成变法，主要是担心已经衰弱不堪的大清经受不起意外的折腾，更担心变法会造成光绪帝与慈禧太后之间关系恶化。在数十年的宦海沉浮中，奕䜣已经领教过慈禧太后玩弄权术的高超手段、强硬手腕，打压政敌的心狠手辣、冷酷无情，他深知以光绪帝的阅历、性格及政治实力，无法与慈禧太后相抗衡，因此他不希望光绪帝站到慈禧太后的对立面，冒险变法。

奕䜣在生命弥留之际告诫光绪帝凡事都要听从慈禧太后也是在保护光绪帝。奕䜣在世时，他是光绪帝和慈禧太后之间的重要调停人；奕䜣薨逝后，光绪帝和慈禧太后之间没有了这个"缓冲地带"，二人之间的矛盾变得不可调和。

第四节 光绪颁诏，启动变法

奕䜣薨逝后，慈禧太后失去了一大支柱，反对变法的顽固守旧派的势力受到了削弱。康有为觉得机不可失，立即写信给翁同龢，请求他敦促光绪帝颁布诏书，明定国是，尽快变法。同时，康有为又一连写了三份请求光绪帝定国是、施新政的奏折，第一份由监察御史杨深秀于6月

第五章 / 改弦更张，变法雪耻图自强

1日上递，第二份由自己于6月8日上递，第三份由翰林院侍读学士徐致靖于6月10日上递。

光绪帝也觉得变法之事不能再拖，看到杨深秀等人连上奏折请求变法，决定迅速颁诏，宣布变法。6月11日，光绪帝又亲自到颐和园向慈禧太后作了请示。出乎光绪帝的意料，慈禧太后竟然爽快地同意变法，她告诉光绪帝："前日御史杨深秀、学士徐致靖言国是未定，良是。今宜专讲西学，明白宣示。"

慈禧太后为何允许光绪帝实行变法？

一是慈禧太后和奕䜣一样，并非彻头彻尾的顽固守旧派，只要不触犯自己的权益，对改革之事并不完全排斥，洋务运动之所以能够大张旗鼓地开展，奕䜣功不可没，但很大程度上也是得到慈禧太后的默许与支持的。

二是慈禧太后对列强产生了仇恨和恐惧心理。中日甲午战争后，大清割地赔款，面临被列强瓜分的危机，慈禧太后对列强的仇视心理也加深了，为了保住大清的祖业、江山和自己的权位，她也认为国家必须自强，而自强就要改革。1897年（光绪二十三年）11月德国占领胶州湾后，光绪帝痛哭流涕地告诉慈禧太后，说自己不愿做亡国之主，慈禧太后安慰光绪帝说："苟可致富强者，儿自为之，吾不内制也。"

光绪帝曾多次向慈禧太后介绍西方的法律体制和日本的变法情况，还把冯桂芬提倡"学西方、谋自强"的《校邠庐抗议》一书上呈慈禧太后阅览，慈禧太后看过这本书后，对其大加赞赏，但是告诫光绪帝不要操之过急。

不过，慈禧太后虽然赞成光绪帝变法，但是有个前提条件，就是变法不能违背大清祖制，不能动摇"正统"的绝对权威，不能有任何事损害到自己的利益。慈禧太后曾对光绪帝说道："变法乃素志，同治初即纳曾国藩议，派子弟出洋留学，造船制械，凡以图富强也。若师日人之

更衣冠，易正朔，则是得罪祖宗，断不可行。""汝但留祖宗神主不烧，辫发不剪，我便不管。"

可见，慈禧太后认可的变法是比较表面的，仍停留在"师夷长技以制夷"的层面，而光绪帝背后的康有为等维新人士对变法的认识则更为深刻全面，这也注定了帝后二人最终难以达成共识。得到慈禧太后的同意后，光绪帝如同吃了一颗定心丸，当天立即返回紫禁城，召集全体军机大臣，委托翁同龢草拟《明定国是诏》，正式宣告进行变法维新。在诏书中，光绪帝号召朝廷各级官员同心协力推动改革，他极力呼吁"讲求时务""变法自强"，要求"中外大小诸臣，自王公以及士庶，各宜努力向上，发愤为雄"。

《明定国是诏》是光绪帝实施变法的宣言书，也是自上而下进行全面维新变法的总动员令。它一经颁布，立即在全国产生了强烈的反响，主流报刊和士大夫们纷纷发言称颂，《申报》评论："谕旨（指《明定国是诏》）如日月之照临通国人民，如再不奋起向学，是真不知高厚而有负生成矣！"山东道监察御史宋伯鲁说："臣民捧读（《明定国是诏》）感泣，想望中兴。"康有为指出："奉明定国是之谕，举国欢欣。"梁启超说得更为具体，光绪帝颁布《明定国是诏》，"以变法为号令之宗旨，以西学为臣民之讲求，着为国是，以定众向。然后变法之事乃决，人心乃一，趋向乃定"。

《明定国是诏》的颁布，是中国近代史上具有里程碑意义的一件大事，它顺应了历史潮流，宣告正式开启一场引领新风的维新变法运动。

在维新变法的道路上，光绪帝在获得慈禧太后同意的情况下，终于迈出了决定性的一步。这一年是农历戊戌年，历史上将这场变法运动称为"戊戌变法"。

第五节　罢黜帝师，慈禧设局

慈禧太后虽然口头上赞成光绪帝变法，但是内心仍在提防着光绪帝。1898年6月10日（光绪二十四年四月二十二日），慈禧太后授意光绪帝颁发谕旨，授荣禄为文渊阁大学士，总理户部事务（此时户部尚书是翁同龢）；委任刚毅为协办大学士，调任兵部尚书，从而进一步巩固了后党的权势。

6月14日，翰林院侍读学士徐致靖向光绪帝上呈《保荐人才折》，认为变法应当广泛寻求学问湛深、博通时务之人加以任用，并向光绪帝保举康有为、黄遵宪、谭嗣同、张元济、梁启超。

光绪帝对徐致靖的奏折极为重视，他知道这些人不仅能帮助他实现变法维新，还能帮助他对抗后党，于是他当天颁布谕旨："翰林院侍读学士徐致靖奏保举通达时务人才一折，工部主事康有为、刑部主事张元济，着于本月二十八日预备召见。湖南盐法长宝道（指长沙、宝庆两府）黄遵宪、江苏补用知府谭嗣同，着该督抚送部引见。广东举人梁启超，着总理各国事务衙门查看具奏。"

康有为、张元济、黄遵宪、谭嗣同四人官阶都较低，而梁启超此时只是一个举人，他们与朝廷中王公大臣相比不过是些无名小卒，变法心切的光绪帝打破了清朝四品以下官员不得觐见的祖制，不以官阶、地位论人，对康有为等人大力任用，希望他们成为自己忠实可靠的助力。

光绪帝拟任用康有为等人的决定引起了慈禧太后的警觉，慈禧太后与荣禄密谋，于6月15日胁迫光绪帝连发四道谕旨，预先做好防范。

第一道谕旨，宣布罢免帝党的绝对核心人物翁同龢，并将他逐回原籍。

第二道谕旨，规定日后凡有赏项或补授文武一品及满汉侍郎之官员，均须备拟奏折，再到慈禧太后处谢恩，各省将军、都统、督抚、提督等官员也都要向慈禧太后具折奏谢。

第三道谕旨，宣布本年秋天光绪帝陪同慈禧太后乘火车巡幸天津阅兵。

第四道谕旨，调直隶总督王文韶入京，任军机大臣兼总理衙门大臣，让荣禄署（代理）直隶总督。随后，慈禧太后又让光绪帝补发谕旨，任命王文韶为户部尚书，荣禄为直隶总督兼北洋大臣。

在第一道谕旨中，慈禧太后明确指出罢免翁同龢的理由："近来办事多不允协，以致众论不服，屡经有人参奏。且每于召对时，咨询事件，任意可否，喜怒见于词色，渐露揽权狂悖情状，断难胜枢机之任。"

6月15日正好是翁同龢69岁的生日，翁同龢心情愉快，还盼望着光绪帝能够为自己祝寿，尽享人生的荣耀。然而，他却毫无预兆地迎来自己命运的大逆转——被逐回原籍。转瞬之间，他就从光绪帝身边炙手可热的红人跌至人生的谷底，成为普普通通的一介布衣。接到谕旨后，翁同龢犹如五雷轰顶，惊愕异常，茫然不知所措。

作为三朝元老、两代帝师、十载枢臣的翁同龢，何以在突然之间就被罢黜了呢？个中的原因极为复杂，归纳起来，主要有两点。

一是翁同龢向光绪帝推荐康有为，支持光绪帝变法，引起了朝中顽固守旧派大臣荣禄、刚毅等人的忌恨，他们不断地在慈禧太后面前诋毁、中伤翁同龢，诬蔑翁同龢为取悦光绪帝，培植朋党以诱皇上变法，慈禧太后萌生了去除他的念头。当光绪帝去颐和园向慈禧太后请示颁布《明定国是诏》时，慈禧太后在表示同意之余，给翁同龢扣了一顶"煽动排满"的帽子，又提出了"必去翁同龢"的条件。

二是最近一段时间，翁同龢在如何对待外国使节及维新变法的一些事情上显得过于持重，多次顶撞急于变法的光绪帝，也引起了光绪帝的极为不满。

清初以来，清朝皇帝会见外国使节的礼仪一直存有重大争论，虽有所改进，但始终没有将外国使节平等相待。康熙、雍正、乾隆朝，外国使节入宫觐见皇帝时多依西礼，而且无须行跪拜之礼。到了咸丰、同治朝，清政府规定外国使者入宫觐见皇帝时要行跪拜礼，否则不予接见。光绪帝意欲革除宫廷陋习，借鉴西方礼仪接见外国使节，但屡屡遭到翁同龢的反对。

1898年（光绪二十四年）春节，按照惯例，驻京外国公使要来宫中觐见光绪帝以示贺岁。在接见外国使节的前两天，光绪帝召见了军机大臣，说应当允许外国公使的车马进入紫禁城，但这在清朝礼制中是不被允许的，翁同龢以"不待请而先予，恐亦非礼也"为由，表示反对。光绪帝没有采纳翁同龢的意见，仍允许外国公使乘车直入紫禁城。接见结束后，法国公使施阿兰、德国公使海靖未按礼节乘车从文华门左门出，而是直接从文华门中门沿御道而返。外国公使的这一违礼行为，光绪帝也没有追究。

同年5月，德国皇帝威廉二世的弟弟亨利亲王要访华，光绪帝提前做好相关准备，以便接待。4月3日，光绪帝召见军机大臣，要将觐见的地点改为毓庆宫，并且开前星门，在东配殿宴请招待，准许亨利亲王的轿子、马车从东华门进入。毓庆宫是清朝皇子的居所，后来成为皇帝读书学习的地方，在宫中的地位仅次于皇帝寝宫养心殿。前星门则是毓庆宫的南门，儒家强调"南面为君"，让亨利亲王从南门进，光绪帝以此表示对他的优待。至于东华门，位于紫禁城东城墙偏南，朝廷只准予内阁官员和年事已高的一、二品大员出入。以翁同龢为首的军机大臣们听后表示强烈反对，并跟光绪帝产生了冲突，光绪帝因此勃然大怒，由于翁同龢为帝师，他不好发作，于是斥责军机大臣刚毅："尔总不以为然，试问尔条陈者，能行乎？否乎？"经过一番争执，在慈禧太后的建议下，光绪帝将接见地点改在了颐和园仁寿殿玉澜堂。

5月13日,亨利亲王到达北京城南马家堡车站,总理衙门大臣庆亲王奕劻、李鸿章、张荫桓、敬信、崇礼皆前往车站迎接。5月15日,亨利亲王在颐和园乐寿堂觐见慈禧太后,但并未获得"赐座"的待遇。此前德国公使海靖曾就此事与朝廷交涉,慈禧太后却表示"若必欲坐,只得不见",此事作罢。

之后,亨利亲王一行往颐和园玉澜堂觐见光绪帝。光绪帝在接见他时,不但赐予亨利亲王座位,还与他亲切地握手交谈。在觐见仪式上,亨利亲王只是向光绪帝行脱帽鞠躬礼,并站立宣读国书。以前的清朝皇帝在接见外国使臣时,都不会与之直接对话,而是让身边的大臣礼节性地问候,光绪帝与亨利亲王直接交谈可谓是前所未有。礼成后,光绪帝握手送之。庆亲王奕劻带领亨利亲王一行至南配殿,同坐用宴。中午,光绪帝为尽地主之谊,甚至亲临南配殿,慰问亨利亲王,并赠送其宝星。亨利亲王则引光绪帝检阅其随行的卫队,德国士兵双手举枪致敬,光绪帝含笑点头,表示赞许。此后,庆亲王奕劻等人根据慈禧太后的懿旨,带领亨利亲王一行参观颐和园。德方对亨利亲王的此次觐见非常满意。此次光绪帝的接待之法,在西方国家看来是极为平常之事,也表示光绪帝此时的观念已经发生翻天覆地的变化,但是翁同龢等人却认为自己国家的礼制受到了轻视,在殿廷之上大放怨言,惹得光绪帝很是恼火。

6月初,光绪帝打算在乾清宫接见外国使节,翁同龢又表示反对。6月12日,光绪帝向大臣们重申自己在乾清宫接见外国使节的想法,再次遭到翁同龢的反对。光绪帝不禁大动肝火,严词诘责翁同龢,君臣之间爆发了一场严重的冲突。翁同龢在他的日记中记载,这天"上(光绪帝)欲于宫内见外使,臣以为不可,颇被诘责……又以张荫桓被劾,疑臣与彼有隙,欲臣推重力保之,臣据理力陈,不敢阿附也"。从翁同龢记下的"颇被诘责"四个字中,不难想象当年君臣之间激烈的争论以及光绪帝动怒的情景。

张荫桓是康有为同乡，与康有为交往甚密，他见识广博、精明干练、熟谙外务、支持维新，因而深得光绪帝赏识和倚重。顽固守旧派代表人物之一徐桐曾参劾张荫桓"居心鄙险，唯利是图"。同月末，江西道监察御史王鹏运又参劾张荫桓与翁同龢"奸庸误国，狼狈相依"。但光绪帝不为所动，让翁同龢出面力保张荫桓，不料翁同龢不肯推荐张荫桓，还和光绪帝发生了长时间的语言冲突，也就是上文提到的"臣据理力陈，不敢阿附也"。可见君臣二人已有矛盾。

之后不久，又发生了翁同龢阻拦光绪帝召见维新派人员之事。6月14日，当徐致靖向光绪帝保荐康有为、张元济、黄遵宪、谭嗣同、梁启超五人时，光绪帝意欲即日召见，但翁同龢却请光绪帝缓些日子再说，又引得光绪帝动怒。

翁同龢与光绪帝的冲突并非仅上述数事，自德国侵占胶州湾事件之后，二人之间冲突不断。光绪帝在颁布《明定国是诏》后，急于任用新人以迅速推行变法，但是一再受到翁同龢的阻挠和反对。尽管翁同龢此前曾不辞辛劳、孜孜不倦为光绪帝授课，师生之间感情非同一般，然而在翁同龢一次又一次地顶撞、反对光绪帝之后，光绪帝已经对他甚为不满，甚至视他为维新变法的阻碍。翁同龢将帝后两党同时得罪，被革职的命运就是必然的了。

而且诡异的是，更想要去除翁同龢的似乎是光绪帝，而不是慈禧太后。张荫桓曾对日本驻华公使矢野文雄描述翁同龢离去的原因："……翁所主张诸政策多未允协，且于内部被视为骄恣专权之事亦不在少数。此等之事逐渐积累，遂演成今日之事……翁对皇帝大放怨词……诸事凡不和其意者，恼怒之情溢于言表。此等之事逐渐积累，而成免黜之口实云云。"光绪帝曾就接见礼仪之事斥责老师："此等小节何妨先允，若待先请而允，便后着矣。"光绪帝不理解翁同龢为何一定要拘泥于细枝末节的礼仪，翁同龢也跟不上光绪帝对西方事物的接受速度，二人分道扬镳是必然的。光绪帝此时更加相信康有为等人，康有为时常劝光绪帝认清现实，放弃天朝上国的幻想，这也被翁同龢视为自毁国体，更让翁同龢成为光绪帝眼中推进维新变法的阻碍，甚至对他充满了厌恶。这是光绪帝尚不成熟的表现，他只看到了翁同龢对他的阻挠，却忘记了这位德高望重的老臣对抗后党的重要作用。

还有一证，1904年（光绪三十年）翁同龢去世后，庆亲王奕劻为之请恤，变法失败的光绪帝盛怒，历数翁同龢误国之罪，将甲午战败、割让青岛等都算在了他的头上。慈禧太后不语，奕劻也不敢再言，所以这位帝师并未获得恤典，光绪帝对翁同龢的厌恶可见一斑。

1898年7月1日（光绪二十四年五月十三日），翁同龢黯然离开了他居住生活40多年的京城，踏上返回故土的路途，王文韶、张謇、廖寿恒、孙家鼐、盛昱等故旧门生数百人前来为他送行。翁同龢取道海上，几经辗转，于7月8日回到常熟。途中，翁同龢乘船进入长江时，望着滚滚东逝的滔滔江水，心中感慨万千，随即吟诗《江行》二首，其中一首云：

海程行过复江城，无限苍凉北望情。
传语蛟龙莫作剧，老夫惯听怒涛声。

在诗中，翁同龢表露了自己被罢官回乡、壮志未酬的郁愤之情，以及对光绪帝独力、艰难推行新政的深切忧虑。

慈禧太后发动戊戌政变后，清政府下令将翁同龢革职，永不叙用，并交地方官员管束。从此，翁同龢彻底退出了晚清政治舞台，于1904年7月4日（光绪三十年五月二十一日）病逝，终年74岁。临终前，翁同龢向守候在旁边的亲属赋诗一首，表达了自己的无限感伤：

> 六十年中事，伤心到棺盖。
>
> 不将两行泪，轻向汝曹弹。

翁同龢被罢黜，是后党的一大胜利，帝党的一大损失，而光绪帝也失去了最后一位可以倚仗的对抗后党的关键人物，他处于以慈禧太后为首的顽固守旧派的四面包围之中，处境更加凶险。

第六节　百日维新，昙花一现

1898年6月16日（光绪二十四年四月二十八日），即《明定国是诏》颁布后的第6天，光绪帝在颐和园仁寿殿分别召见了康有为与张元济。

这天清晨，康有为早早来到仁寿殿的朝房等候光绪帝召见，恰好碰到了刚刚接到直隶总督任命来向光绪帝谢恩的荣禄。

荣禄带着轻蔑的口气问："以子之大才，亦将有补救时局之术否？"

康有为斩钉截铁地回答："非变法不能救中国也。"

荣禄又问："固知法当变也。但一二百年之成法，一旦能遽变乎？"

康有为愤然回答："杀几个一品大员，法即变矣！"

荣禄一听，心头一惊，随即与康有为唇枪舌剑辩论起来。

康有为或许是在气头上说出上述这句话，但也显示出其思想过激、意气用事的一面。杀几个一品大员变法就能成功，康有为未免将变法之事看得过于简单了，他的这番话十分极端，激化了维新派与守旧派的矛盾，其后果也就可想而知了。康有为当着慈禧太后的心腹、掌握清政府军事大权的荣禄说出这样的话，实在是授人以柄，为日后戊戌变法的失败埋下了祸根。

正在荣禄与康有为辩论之际，光绪帝派人出来传话先召见荣禄。荣禄进殿后向光绪帝奏弹劾康有为"辩言乱政",奏毕退出。随后,康有为进殿觐见光绪帝。这次召见,光绪帝主要同康有为商讨了变法大计,议定了推行变法的方针、大致内容、步骤,确定了戊戌变法的蓝图和基调。召见结束后,光绪帝授予康有为总理衙门章京职务,并给予康有为专折直奏权。此后,维新变法便开展起来。

从1898年6月11日(光绪二十四年四月二十三日)光绪帝颁布《明定国是诏》正式宣布推行变法开始,到当年9月21日慈禧太后发动政变为止,在短短的103天中,光绪帝先后颁布了180多条变法诏令,最多的时候,一天中竟颁布了11条变法诏令,可见这场变法运动的势头何其迅猛,从中也体现出光绪帝变法图强的迫切心情。从另一角度看,这也显示出变法操之过急,缺乏条理。由于这次变法前后时间持续仅103天,因此又称"百日维新"。

这场维新变法涉及政治、军事、经济、文教、社会民生等方方面面的政策和制度,其最终目标是推行君主立宪制。具体来说,其内容包括以下几方面。

1. 政治改革

改革官制,整顿吏治;精简机构,裁减冗员;严禁各省督抚、封疆大吏徇私枉法,滥用官吏;设散卿、大学士等职,以方便无官职的通才之士参与议政;广开言路,鼓励官员、士民上书言事;嘉奖勇于上书进言的官员、士民,惩处阻挠官员和士民上书言事之顽固派人员;将推行新政的谕旨和鼓励上书言事的诏令一并照样抄录,悬挂于各省督抚衙门大堂,以期家喻户晓;令各省、州、县官员清理各种积案,严禁各级官员借审案之机欺压、勒索百姓;令各直省督抚大臣向朝廷举荐品学端正、通达时务的人才,以备任用;令出使各国使节从寓居各国的华侨中选择可用者送回国内,以备任使;罢免因循守旧、贪赃枉法的官吏;仿效康熙、乾隆旧制,在紫禁城内设懋勤殿;等等。

2. 军事改革

采用西方兵制编练军队；裁兵整军，裁并八旗及绿营练勇，遣散老弱残兵，实行团练；整建水师，添设海军，筹造兵轮；筹设武备大学堂及各类专门军事学堂，培养军事人才；武科停试弓箭骑剑，改试枪炮；向外国采购办军火；等等。

3. 经济改革

设立铁路矿务总局、邮政总局、农工商总局及分局；兴建铁路，兴办矿务；振兴商务、工艺，发展工商，筹办中国通商银行；各省设立商务局、商会，保护商铺，严禁官吏勒索商人；兼采中西各法，振兴农政；设立农学会，刊印农报，购买农具，翻译外国农学书籍；广开口岸，发展对外贸易；筹设茶务学堂及蚕桑公院，发展丝茶出口贸易；倡办实业，促进生产；鼓励私人开办工矿、企业；等等。

4. 文教改革

参照西方学制创办京师大学堂，在北京广设小学堂，在顺天府设中学堂，在国外设华侨学堂；所有书院、祠庙、义学、社学一律改为兼习中西学的学堂；各省会设高等学堂，郡城设中等学堂，州县设小学；鼓励私人开办学堂；设立翻译、医学、农务、商学、路、矿、茶务、蚕桑速成学堂；派皇族宗室出国游历，从同文馆、各省学堂选派学生出国游学；废八股，改试策论，兴西学；废乡会试及生童岁、科考试，改考历史、政治、时务及"四书五经"，定期举办经济特科；设译书局，翻译外国书籍；设报馆，翻译新报；奖励科学著作和发明；等等。

5. 社会民生改革

命工部修整疏通京城街道、沟渠，改变京城道路泥泞、沟渠壅塞的状况；实行以工代赈政策，防止赈灾官员私吞赈济钱款、财物，以便让灾民得到实惠，同时振兴经济；制止地方官吏通过发行昭信股票（清政府于1898年发行的一种国内长期公债）加重百姓负担，在民间停止出售昭信股票；令八旗人各习四民之业，自谋生计；等等。

戊戌变法是中国近代史上一次极为重要的政治改革运动，它搭建了一个中国近代化建设的框架，勾勒出一幅全面系统、恢宏壮美的中国近代化蓝图，从而推进了中国近代化的进程，是近代中国的一次思想解放，冲击了腐朽没落的封建思想、旧文化，刷新了中国思想界、文化界、教育界的面貌，促进了中国人民的觉醒，激起了中国人民寻求救国真理的热潮。此后，救亡图存的观念更加深入人心，越来越多的人走上了寻求救国真理的道路，这些人中就包括孙中山、黄兴、蔡锷等中国民主革命的先驱者。

变法期间，清政府颁布的一系列保护和鼓励民族企业发展的政策，激发了人们实业救国的热情，一大批人走上了实业救国的道路，中华民族企业的发展第一次达到了投资高潮，推动了民族资本主义的发展。总之，这是一场空前绝后的改革，它一路披荆斩棘，想要一扫清政府的腐朽气息，让沉睡已久的神州大地重现生机。但改革之路，往往伴随着流血和失败，这场维新始终被笼罩在强大的阴影之下，它的命运又将如何呢？

第六章 戊戌政变，百日维新终夭折

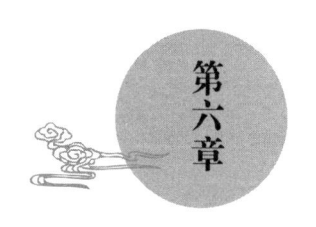

就在光绪帝幻想着通过一场变法改变时局时，暴风雨突然降临了。蛰伏幕后的慈禧太后突然发动了一场血腥的政变，维新派人士被无情屠戮，光绪帝也被囚禁于中南海瀛台，彻底结束了政治生涯，也彻底失去了人身自由。轰轰烈烈的戊戌变法在持续了103天后宣告夭折。

第一节 变法受阻，步履艰难

光绪帝在康有为等人的支持下，又得到了慈禧太后的同意，以前所未有的决心和无所畏惧的勇气发起了戊戌变法，接连不断地颁发了一系列的变法诏令，想要实现救亡图存，为国兴利，为民造福。

然而，光绪帝发起的这场变法遭到了朝廷守旧派大臣的极端仇视和强烈抵制，变法之路荆棘遍布、曲折艰难。

早在《上清帝第六书》中，康有为就请求光绪帝在中央设立制度局，将它作为协助光绪帝议定变法方案的最高机关，以排除上自中央、下至地方的守旧派的干扰，为推行新政提供便利。另外，在京城设立下属于制度局的十二局以分管各项事务，在各地设立民政局和民政分局，负责在地方贯彻实施新政措施。这样，制度局与十二局、民政局和民政分局上下隶属，组成了一个平行于清政府原来的统治机构，专门主持、推行新政措施的独立的机构体系。

光绪帝对康有为的建议极为重视，下旨令总理衙门大臣拟议施行，但总理衙门的大臣意识到这种体系会削弱他们的话语权，于是对光绪帝的旨令百般搪塞，直到《明定国是诏》颁布后仍然拒不议行。1898年（光绪二十四年）7月2日，在光绪帝的一再催促下，奕劻等几位总理衙门大臣联名上奏，以康有为请求设立的制度局、十二局和民政局与原来的六部相重叠为理由，驳回了康有为的提议，仅在铁路、矿务两局问题上作出让步，意欲蒙混过关。光绪帝十分气愤，于7月4日再次下旨命军机大臣和总理衙门大臣复议。7月13日，奕劻等人故伎重演，联名上奏，声称变更机构事关重要，应另派王公大臣会同议奏。光绪帝没有同意，下旨令军机大臣会同总理衙门大臣给出办法，不要再空言搪塞，对他们提出了严重的警告。

8月1日，军机大臣和总理衙门大臣经过一番商量后，由礼亲王世铎出面，领衔拟定一道奏折上呈光绪帝，提出了一个折中方案。在这道奏折中，世铎等人以"不敢执守成见"为名，假意迎合光绪帝的旨意，对光绪帝的旨意进行了迂回式的对抗。他们采取偷梁换柱的手法，提议从原来的部院中挑选有才识的忠臣定期召见，以备任用，用来取代制度局；在京师设立附属于总理衙门的铁路、矿务总局，以总管铁路、矿务、商务、军队、留学等事务，用来取代十二局；各地整顿吏治，兴弹劾举奏，以代替民政局。

在守旧派的变通下，康有为设立制度局、十二局和民政局的提议最终成为一纸虚文,没有得到实施,也为维新变法蒙上了一层阴影。

在废除八股文这种死板僵化、迂腐陈旧的科举考试文体时,光绪帝也遇到了极大的阻力。

八股文形成于明朝中叶,题目出自"四书""五经",每篇由破题、承题、起讲、入手、起股、中股、后股、束股八个固定段落组成,考生写作时要模拟孔子、孟子的语气,根据朱熹的《四书章句集注》等书展开作答,不能随意发挥。八股文体制僵硬、内容空洞落后,严重禁锢了考生们的思维,成为巩固封建思想和专制统治的工具,也是封建守旧士子借以步入仕途的"敲门砖"。

对于八股文,光绪帝坚定地认为它有碍自己选拔人才、推行新政,有意废除。康有为、梁启超、宋鲁伯等人也先后上书请求光绪帝废除八股文,康有为还请求光绪帝在废除八股文时不要与王公大臣讨论,直接下旨宣示天下,"勿下部议,特发明诏,立废八股"。

吸取设立制度局、十二局、民政局因王公大臣"部议"而终止的教训,光绪帝决定采纳康有为的建议,令枢臣拟旨,直接颁布谕旨,废除八股文。但是光绪帝的这一果断举动遭到守旧派大臣、礼部尚书许应骙的多方阻挠。杨深秀、宋伯鲁当即联名上奏,弹劾许应骙阻挠新政,光绪帝厌恶许应骙,准备将他罢免。

大臣刚毅宣称"祖制,不可轻改",要求光绪帝将废除八股文的决定交由部院大臣议决,企图以此阻止光绪帝废除八股文。光绪帝不为所动,严词回绝:"吾意已决,何议为!"

刚毅不甘罢休,声称废除八股文事关重大,必须先向慈禧太后请示再作决定。为尽快颁诏废除八股文,光绪帝只得亲自前往颐和园,征询慈禧太后的意见。由于废除八股文对慈禧太后的权势并无影响,慈禧太后也就默许了光绪帝的决定。光绪帝回到宫中后,趁热打铁,于6月23日颁发谕旨,宣布:"自下科为始,乡会试及生童岁科各试向用四书文(即八股文）者，一律改试策论。"

至此，废除八股文总算尘埃落定，光绪帝在文化教育领域里推行的一项重大改革终于取得了成果。然而树欲静而风不止，守旧派势力依然不甘心，图谋反攻倒算，大有不恢复八股文誓不罢休之势。

7月8日，满族御史文悌与许应骙联合，向光绪帝上呈《严参康有为折》，气势汹汹地指责康有为欲将数千年的经典、祖宗礼制一扫乱绝，并与黄桂鋆等人串通，准备联名上奏，要求恢复八股文。与此同时，那些幻想依靠八股文这块"敲门砖"晋升阶层的士子们也纷纷发文攻击康有为，直隶的一些守旧派士子则更为嚣张，扬言要行刺康有为。

面对守旧派势力的疯狂反扑，光绪帝毫不客气，迅速降下谕旨怒斥文悌等人，准备将文悌革职，在刚毅的再三求情下才作罢。守旧派势力见光绪帝龙颜大怒，动了真格，气焰顿时消失了一大半，渐渐偃旗息鼓，就此收手。

至于其他领域的改革，也是阻力重重，进展缓慢。除了湖南巡抚陈宝箴仍继续在湖南力行新政、锐意整顿外，多数地方官吏对光绪帝颁发的新政诏令置若罔闻，无动于衷。两广总督谭钟麟、两江总督刘坤一、湖广总督张之洞等封疆大吏对光绪帝的变法措施也采取了冷漠、观望、敷衍的态度，虽经光绪帝严旨敦促，依然故我，心存观望。很多地方官吏还故意制造事端，公开阻挠维新措施的实施，有的地方官吏甚至还反其道而行之，"借新政以扰民"，在当地造成了极坏的影响。

对于这些封疆大吏、地方官吏的抵制行为，光绪帝虽然愤慨至极，几次三番予以严责，但收效甚微，无可奈何。那些手握实权的总督、巡抚都是慈禧太后任命的，他们只听命于慈禧太后，对光绪帝阳奉阴违，不奉维新之令。下级官吏则上行下效，浑水摸鱼，肆意破坏变法新政。此时的光绪帝依旧处于"上扼于西后，下扼于顽臣"的尴尬、被动、困厄状态中，一时间无计可施。

自从光绪帝颁布《明定国是诏》之后，维新变法已经开展了近3个月，效果很不理想。正如梁启超当时所说："此三月之中，虽圣政维新，然能行皇上之意，以成新政之规模条理者，盖千万而不得一可见矣。"

第二节 光绪反击，罢免旧臣

在维新变法遇到严重挫折之后，光绪帝在康有为等人的建议下，开始排除推行新政的阻碍，首先就是大刀阔斧地裁撤闲散机构与冗余官员。

1898年（光绪二十四年）8月2日，光绪帝应康有为等人的要求，颁布谕旨，如有官员向皇帝提建议，由各部院负责人代为转呈；士大夫和百姓如向皇帝提建议，由都察院代为转呈，各部院负责人和都察院负责人不得阻拦推诿。光绪帝意在广开言路，以求上意下达，下情上通，为推行变法新政打开舆论通道。

8月30日，光绪帝再次颁布谕旨，宣布将清政府中的詹事府、通政司、光禄寺、鸿胪寺、太仆寺、大理寺等原有衙门全部裁撤，这些衙门的一些事务并入有关的礼、兵、刑各部，外省湖北、广东、云南三省巡抚及闲置的东河总督（负责治理河南、山东境内河务）、粮道、盐道一并裁撤，一些机构中的冗员也要"一律裁撤净尽"。光绪帝命大学士、六部及各省将军、督抚分别详议，切实办理，并严正指出朝廷内外诸臣不准借口机构重要而拒绝裁撤，如有推诿搪塞，定当予以重惩，决不宽贷。

光绪帝开始向守旧派势力盘踞的堡垒——臃肿的官僚机构开刀，谕旨一经颁出，诸多守旧派官员向隅而泣，朝野上下一片悲鸣。

9月1日，光绪帝又及时利用礼部堂官许应骙等人阻挠王照上书言事的事件，一举革除了礼部六位守旧派大员。

王照是直隶顺天府宁河县（今天津市宁河区）人，1894年（光绪二十年)中进士,授翰林院庶吉士,时任礼部主事,倾向变法图强,同情光绪帝。在光绪帝颁下鼓励上书言事的谕旨后,他积极响应,拟了一份奏折,畅谈国家当前面临的危急局势,论证了变法的紧迫性,抨击了守旧派官员的荒谬之见,最后恳请光绪帝、慈禧太后出访日本等国,考察外国国情,借鉴外国改革经验,推动国内的维新变法。

王照是礼部六品官员,没有直接上书光绪帝的权利,于是他便请求本部门的顶头上司礼部尚书怀塔布、许应骙予以代递。怀塔布、许应骙打开奏折一看,大吃一惊,认为皇上、太后出访外国是一件风险极大的事,因为之前李鸿章和俄国皇子尼古拉都在日本险遭不测,王照的建议分明是将皇上、太后陷于凶险之地,大为不利。许应骙是反对维新变法的守旧派名将,与康有为交恶甚深,而王照和康有为又是朋友,因此怀塔布和许应骙经过合议后拒绝转呈王照的奏折。

王照一气之下将自己的奏折直接交到了礼部大堂,不料被接待他的掌管印信的主事扔到了地上。前次递折遭拒,这次递折又被羞辱,王照怒不可遏,厉声向署理户部右侍郎溥颋、礼部左侍郎堃岫提出抗议:"皇上特许司员递折,无得阻蔽。若必不递,吾当亲到察院,或觅人上之。"

怀塔布等人害怕事情闹大不好收拾,勉强同意代递王照的奏折,但同时又加上一份许应骙拟写的附片。在附片中,许应骙参劾王照妄请帝后出国,将大清统治者置于险地。他们认为王照用心不轨,故不敢代递,同时指责王照借端挟制,咆哮公堂,请求光绪帝严加惩治。

可是许应骙等人失算了,光绪帝并没有站在他们一边。本来光绪帝因为下面的大臣阳奉阴违导致新政得不到贯彻实施而窝了一肚子的火,而自己前不久还下旨要求各部院负责人代为转呈下级官员的奏折,现在许应骙等人抗旨不遵,不禁大怒。加上之前许应骙曾极力阻挠光绪帝废除八股文,光绪帝决定趁此机会好好教训一下许应骙等人,以震慑守旧派,鼓舞维新派。

第六章/戊戌政变，百日维新终夭折

9月1日，光绪帝发布谕旨，说"是非得失，朕心自有权衡，无烦该堂官等鳃鳃过虑"，诘责怀塔布、许应骙等人"岂于前奉谕旨毫无体会耶"，下令将"怀塔布等均着交部议处"，并申明"此后各衙门司员等条陈事件呈请堂官代递，即由各该堂官将原封呈进，毋庸拆看"。吏部尚书徐桐避重就轻，有意包庇怀塔布、许应骙等人，将他们"杖八十""降三级调用"。

光绪帝认为判得太轻，没有同意，于9月4日亲自拟写一道朱谕，严厉指责怀塔布等人的行为，下令将礼部尚书怀塔布和许应骙、礼部左侍郎堃岫、署左侍郎徐会沣、右侍郎溥颋、署右侍郎曾广汉六人全部革职。

清朝皇帝的谕旨多由军机章京拟稿，再经军机大臣修改，最后由皇帝本人审定，由皇帝亲自拟写朱谕的情况是非常少见的，这次光绪帝破例亲自拟写朱谕，可见他对怀塔布、许应骙等守旧派大臣已经到了忍无可忍的地步。

对勇于上书、为变法献计献策的王照，光绪帝则大加赞赏并予以提拔，着赏给三品顶戴，以四品京堂候补。

但光绪帝这次罢免礼部六堂官，触碰了慈禧太后的底线。在变法之前，慈禧太后曾经和光绪帝约定，凡二品以上大臣的调动，都要具折交由慈禧太后来确定，光绪帝不能独断。光绪帝此次罢免的礼部六堂官都是一二品大员，其中不乏慈禧太后的爱将，这是慈禧太后绝对不能允许的，祸根由此埋下。

怀塔布为满洲正蓝旗人，和慈禧太后同属叶赫那拉一族，与李鸿章又是亲家，他靠着这层关系官至礼部尚书，同时兼管内务府事务。他的妻子经常出入颐和园，陪侍慈禧太后，很得慈禧太后的欢心。怀塔布被革职后，他的妻子跑到颐和园，在慈禧太后面前一把鼻涕一把眼泪地哭诉，说光绪帝要"尽除满人"，请求慈禧太后为她做主。于是慈禧太后传下懿旨，让怀塔布赴颐和园详述事情的本末。

怀塔布与内务府大臣立山率领内务府人员数十人环跪于慈禧太后面前，痛诉光绪帝无道。慈禧太后颇为冷静，没有发作，要怀塔布暂且先忍耐一下，因为她对光绪帝的变法正持观察态度，她要看看光绪帝下一步如何行动。

9月5日，在罢免礼部六堂官的第二天，光绪帝颁布谕旨："礼部尚书着裕禄、李端棻（fēn）署理，礼部左侍郎着寿耆、王锡蕃署理，礼部右侍郎着萨廉、徐致靖署理。"同一天，光绪帝又补授内阁学士阔普通武为礼部左侍郎。这样，光绪帝重新任命了礼部堂官。

礼部尚书、侍郎均为二品以上的朝廷大员，按约定，光绪帝要征得慈禧太后的同意，其任命才能正式生效。为此，光绪帝专门为此事于9月7日去颐和园向慈禧太后请示。慈禧太后只批准任命裕禄、李端棻为礼部尚书，阔普通武为礼部左侍郎，萨廉为礼部右侍郎。光绪帝任命的七名礼部新任官员人选只有四名得到正式任命。

虽然没有完全如光绪帝的意，但此时的慈禧太后已经是强压怒火给足了光绪帝面子，她借机还责备光绪帝说："九列重臣，非有大故，不可弃。今以远间亲，新间旧，徇（曲从）一人（指康有为）而乱家法，祖宗其谓我何？"

没想到一直惧怕慈禧太后的光绪帝竟毫不客气地回道："祖宗而在今日，其法必不若是。儿宁忍坏祖宗之法，不忍弃祖宗之民，失祖宗之地，为天下后世笑也。"

慈禧太后听后怫然不悦，光绪帝与慈禧太后两人不欢而散。此后，慈禧太后与光绪帝之间的矛盾开始激化。

在颁旨重新任命礼部堂官的当天（9月5日），光绪帝又另外颁布一道谕旨："内阁候补侍读杨锐、刑部候补主事刘光第、内阁候补中书林旭、江苏候补知府谭嗣同，均赏加四品卿衔，在军机章京上行走，参预新政事宜。"

很快,光绪帝让杨锐、刘光第、林旭、谭嗣同"四小军机"在军机章京上行走("行走"就是在军机处交流办事)。军机四章京(又称"戊戌四卿")各有背景。杨锐、刘光第由湖南巡抚陈宝箴保荐,杨锐是张之洞的弟子和幕僚,到京城后仍与张之洞保持密切联系;刘光第与张之洞也有联系;林旭是晚清重臣沈葆桢的孙女婿,与直隶总督荣禄有来往,但很认同康有为的政治主张;谭嗣同出身官宦家庭,喜欢结交天下英雄豪杰,热心政治变革,其父谭继洵在朝廷中也是一位举足轻重的封疆大吏,官至湖北巡抚。

光绪帝选拔军机四章京,一是为自己在维新派人士之间架起一座直接沟通的桥梁,通过他们来贯彻实施自己的变法措施;二是为平衡朝廷里满汉、新旧官员的人数比例,提高维新派的政治地位,以遏制守旧派势力阻挠维新变法。

军机四章京参预新政,辅佐光绪帝处理政事、拟写新政诏令,逐渐成为光绪帝的左膀右臂,实际上就是光绪帝的宰相,是辅佐光绪帝改革维新的最高参谋部。光绪帝启用军机四章京后,原来的军机处就失去了作用,形同虚设。

9月7日,光绪帝又颁布谕旨,将李鸿章和昏庸无能的清朝宗室、户部尚书、总理衙门大臣爱新觉罗·敬信二人赶出了总理衙门,搬掉了维新变法道路上的两块"绊脚石"。接着,光绪帝又根据徐致靖的建议,设置三、四、五品卿,三、四、五、六品学士等职,以改变朝廷里新旧力量的比例,打破朝廷里守旧派势力一统天下的局面。

另外,光绪帝又连颁谕旨,晓示天下,进一步鼓励天下士民上书言事,以打破守旧派势力的阻挠,使天下民情能够充分上达,实现"上下同心,以成新政,以强中国"的目标。天下士民欢欣雀跃,踊跃上书,为变法建言献策,一股上书议讨变法的热潮在全国迅速掀起,仅在9月中下旬通过各衙门上呈的奏议,一天之内就多达数十件。

　　光绪帝通过实施一系列重大改革举措,为维新变法打开了新局面,维新变法重新出现了生机。但是光绪帝的一系列举措跨度太大,在慈禧太后掌控的朝廷上,想要"毕其功于一役",这是绝无可能的。光绪帝推行的一系列措施已经严重侵犯了慈禧太后的利益,他与慈禧太后之间,维新派与守旧派之间的矛盾也由此迅速升级、激化了,危险正一步步向光绪帝和维新派人士逼近。

第三节　帝后暗斗,危机突现

　　连日来,光绪帝以雷霆之势撤裁闲散机构、冗余官吏,罢免阻挠维新变法的守旧派重臣,一时间,朝野震骇,朝廷上下守旧派官吏惊恐万分,惶惶不可终日。

　　在光绪帝开始实施变法前,慈禧太后曾告诫光绪帝变法不要违背祖宗家法。在慈禧太后的心目中,祖宗家法等专制体统是大清江山的根基,是完美无缺的,也是绝对不允许更改的,废八股之类的改革可以允许,但是光绪帝的一系列官员调动,已经威胁到满族亲贵的权益和慈禧太后的地位,似乎正在逐渐架空她,而这种情况,她就不能放任不管了。

　　9月7日,当光绪帝就任命礼部新堂官去颐和园向慈禧太后请示意见时,慈禧太后就含沙射影地告诉光绪帝,其变法举措已经超出了自己为他划定的变法范围,已经开始"乱家法"了,要就此收手,否则她是会出面干预阻止的。在慈禧太后看来,光绪帝已经不再听她的话了,如果自己再不出手,光绪帝会将大清的祖宗家法搅得面目全非,到最后不仅自己的权力宝座会被光绪帝夺走,她可能也会被光绪帝清算,这还了得?

　　慈禧太后觉得事不宜迟,她密遣内务府大臣怀塔布、立山等七人前往天津与手握兵权的直隶总督荣禄密谋,商讨一场谋变活动。可以说,9月7日之前,慈禧太后只是在静观光绪帝的变法情况;9月7日之后,慈禧太后已经彻底失去了耐心,着手发动政变了。

经过几天紧锣密鼓的密谋,到9月13日前后,慈禧太后已经为发动政变做好了军事部署:荣禄暗中调集聂士成的武毅军进入天津,又命董福祥的甘军移驻北京城西南的长辛店,与此同时,对外大肆渲染让光绪帝到天津阅操(即阅兵)的气氛。一时间,黑云压城,山雨欲来,北京城内外形势骤然变得紧张起来,人们似乎可以闻到一股血腥味。

康有为等维新派人士也隐隐感到将会发生变故。慈禧太后要携光绪帝到天津阅操的日期日益迫近,康有为担心光绪帝如仍不能拥有兵权,恐怕局势会失去控制,变法就会走向失败。为此,他连日拟写数份奏折,请求光绪帝仿照日本建立参谋本部的办法,培养一批死士带在身边,以备不测。同时,康有为等人准备拉拢甘军首领董福祥,但没有成功,接着又打武毅军首领聂士成的主意,因觉得聂士成不可靠而作罢。康有为等人思来想去,最终将目光停在了袁世凯身上,认为"拥兵权,可救上者,只此一人"。

袁世凯曾跟随淮军吴长庆的部队东渡朝鲜,在平定朝鲜"壬午兵变"中荣立首功,崭露头角。1884年(光绪十年),袁世凯指挥驻朝清军平定了朝鲜开化党人发动的"甲申政变",击退日军,粉碎了日本趁中法战争之际吞并朝鲜的企图,推迟了中日战争爆发的时间。袁世凯因此受到时任直隶总督兼北洋大臣李鸿章的重视,此后留镇朝鲜。中日甲午战争爆发前夕,袁世凯化装成平民潜回天津,随后奉旨前往辽东前线督办后勤事宜。1895年12月8日(光绪二十一年十月二十二日),在奕訢、荣禄等人联名奏请下,光绪帝派袁世凯到天津小站编练中国首支新式陆军。天津小站新式陆军是北洋三军(袁世凯所部新式陆军、董福祥所部甘军、聂士成所部武毅军)中最为精锐的一支,对护卫京、津一带的安全起到了重要作用。编练陆军期间，袁世凯也积极关注维新变法，并加入了康有为等人发起的强学会，与维新派人士交往甚密，这也让维新派人士认为袁世凯是可以依靠的同路人。

9月11日，在康有为的主持下，徐致靖向光绪帝上呈奏折，求光绪帝召见并破格重用袁世凯。接着，谭嗣同又以密折的形式请求光绪帝拉拢袁世凯。康有为等人试图把袁世凯拉拢过来，以备在天津阅操时依靠袁世凯的军队护卫光绪帝。对徐致靖、谭嗣同的奏请，光绪帝表示同意，并于当天电寄荣禄，传袁世凯来京陛见。

光绪帝这一明目张胆的做法无疑是一大失策，在维新派与守旧派关系紧张的节点上，这无疑是向对方透露了自己的意图，告诉对方自己也正在加紧行动。老谋深算的袁世凯在得到光绪帝的电旨后并未立刻启程赴京，只是待在原地静观动向，直到9月14日才到达北京，下榻法华寺，等候光绪帝的召见。

这时，谭嗣同等人依旧主张快速推行新政，建议光绪帝开设议院，让更多的朝廷官员参与谋议政事。康有为认为议院虽是西方的国家制度，但是目前朝廷中守旧派大臣太多，如果开设议院，他们就会借机蛊惑人心，制造事端，破坏新政，开设议院之事应当缓行一步，建议光绪帝仿照前朝开懋勤殿（位于紫禁城乾清宫西庑正中，清代皇帝常在此读书、批阅奏本）议事的先例，建立懋勤殿议政制度，选举天下英才数十人，并邀请外国政治专家共同商议政事，全盘规划维新之事，然后订出细则加以施行。光绪帝采纳了康有为的建议，令谭嗣同拟旨，并将雍正等几朝开懋勤殿议政的典故写进谕旨，准备赴颐和园向慈禧太后请示。康有为觉得事成有望，便指使徐致靖和王照分别向光绪帝上折，举荐自己和康广仁等人为顾问。

9月14日，光绪帝到颐和园向慈禧太后请安。交谈中，光绪帝以试探的语气表达了自己要开懋勤殿议事的愿望。光绪帝刚刚露了几句口风，就发现慈禧太后面色阴沉，怒形于色，没敢再多说下去。接着，慈禧太后批评光绪帝9月4日对怀塔布等人处罚过重，乱了家法，并暗示光绪帝其帝位将不保。

慈禧太后临朝听政数十年，极富权力斗争经验，什么样的政治手段没有见过？她一眼就看穿了光绪帝的意图：一旦光绪帝开懋勤殿，慈禧太后所掌控的军机处和总理衙门就形同虚设，自己和光绪帝的权力关系将发生根本性的逆转。慈禧太后绝不容许任何人觊觎她的权力宝座，一旦光绪帝的变法威胁到了她的权威时，她会抛弃一切亲情，毫不手软地对光绪帝采取极端措施。

就在光绪帝到颐和园向慈禧太后请安的这天深夜，康有为也走访了谭嗣同的好友毕永年，动员毕永年到袁世凯军中当参谋，做好与袁世凯发动兵变的准备。日后袁世凯起兵诛杀荣禄、率军包围颐和园之际，毕永年可以率领士兵冲进慈禧太后的寝宫，将她就地正法。

毕永年是湖南长沙人，早年随父亲在军中生活，练得一手好枪法，他深明大义，赞成维新变法。但他听了康有为的话后，连连摆手，认为袁世凯这个人不可靠，说袁世凯当年在中日甲午战争爆发前从朝鲜逃回国内，可见此人并没什么胆量，也不是个忠君之人。

然而康有为却坚持己见，说袁世凯曾积极参加保国会，倾向维新变法，自己不久前曾派徐仁禄到袁世凯处施行反间计，袁世凯现在非常痛恨荣禄，还说自己奏请光绪帝召见袁世凯，袁世凯因此对自己很感激，表示愿意效劳。毕永年见康有为这样说，也就不好再说什么了，只得同意。

再说光绪帝从慈禧太后的异常表情中看出了不祥之兆，他意识到一场前所未有的危机很快就要降临。9月15日清晨，光绪帝召见杨锐，交给他一道密诏。在密诏中，光绪帝指出了自己与慈禧太后在变法方向上的分歧，道出了自己并没有实权的苦衷，表露了自己的帝位和维新之事可能处在朝不保夕的危险境遇，嘱咐杨锐与林旭、刘光第、谭嗣同及诸同志等妥速磋商，给出应对之策。

由于事出突然，杨锐毫无思想准备，感到十分震惊，一时间不知道怎么办才好，于是他将光绪帝的密诏压了下来，并未找林旭等人商议。

9月16日，光绪帝在颐和园召见了袁世凯，经过面谈后升任袁世凯侍郎候补衔，命其"专办练兵事务，所有应办事宜，着随时具奏"。9月17日，光绪帝再次召见袁世凯，说此后袁世凯可与荣禄各办各事，言下之意就是袁世凯今后不必再听荣禄调遣，自行其是。光绪帝试图将袁世凯拉拢到自己的阵营，增加自己的护卫力量。然而袁世凯心怀鬼胎，故意装聋作哑，在辞别光绪帝后又悄悄走访刚毅、裕禄、奕劻等权臣，开始与他们暗中勾结。

光绪帝多次召见袁世凯引起了慈禧太后和荣禄等守旧派的警惕。慈禧太后立即任命荣禄为直隶总督兼北洋大臣，统领北洋三军，随后又任命崇礼为步军统领，命怀塔布掌管圆明园八旗、包衣三旗及鸟枪营，命刚毅掌管健锐营。与此同时，荣禄开始秘密调集军队，加强防备。

光绪帝频频召见袁世凯就是想要掌控军队，与后党分庭抗礼，但是维新派内部也有人认为光绪帝此举不妥，容易授人以口实。正如维新派人士王照所说："迨至召袁之诏下，霹雳一声，明是掩耳盗铃，败局已定矣。"

袁世凯没有给光绪帝任何承诺，甚至连口头上的支持也没有。而此时慈禧太后一伙正磨刀霍霍，加紧了发动政变的步伐，有的守旧派官员还联名上奏，逼迫光绪帝出面请慈禧太后训政。另外，光绪帝给杨锐的密诏迟迟没有得到回应，种种不祥的情况一齐袭来，使光绪帝忧心如焚、坐立不安。

孤立无援的光绪帝担心康有为的安危，又无法与康有为取得联系，在第二次召见袁世凯的当天，他先公开颁发一道谕旨，命令康有为迅速前往上海督办官报局。紧接着，光绪帝又急召林旭，让他带一份密诏交给康有为，在密诏中要求康有为"迅速外出，不可延迟"，并嘱咐康有为"爱惜身体，善自调摄，将来更效驰驱，共建大业"。一道明谕，一份密诏，都是在催促康有为尽快离开京城，否则凶多吉少。

林旭拿着光绪帝的密诏立即赶往康有为的住所南海会馆，适逢康有为外出，林旭只得返回。当晚，康有为回家时得知光绪帝颁布明谕的消息，瞬间明白了朝中已变天，他焦急万分，但没有丝毫兵权和实权的他，无计可施。

第四节 有为施救，难挽危局

9月18日一大早，林旭又一次来到康有为的住所南海会馆，将光绪帝交给他的密诏和9月15日交给杨锐的密诏一同转交给康有为。

康有为阅过密诏后悲愤不已，判断光绪帝处境危险、大难将临，当即拟写一份奏折，表示自己要"誓死救皇上"，并委托林旭代为转递奏折。随即，康有为找来谭嗣同、梁启超、康广仁等人，研究营救光绪帝的计划。面对严峻的事态，几个人泣不成声。恰在此时，袁世凯的幕僚徐世昌到来，康有为等人便故意哭得更响亮、更伤心一点，企图以此感动徐世昌。徐世昌受到感染，也哭泣起来，南海会馆里顿时一片哭声。

过了一会，众人停止了哭泣。康有为定了定神，决定破釜沉舟，与慈禧太后拼死一搏。他拟订了两个方案：一是围园劫后；二是向列强求援，请求列强出面保护光绪帝，帮助维新派，压制慈禧太后一党势力，这项工作由康有为自己来做，办法是拜访已到京的日本前首相伊藤博文，寻求他的帮助。

康有为告诉大家，自己今天下午去日本使馆游说伊藤博文，如果不成功，晚上就派人去游说袁世凯，启动"围园劫后"计划。此时袁世凯正住在北京的法华寺，还在等着光绪帝的再次召见。康有为布置完一切，草草吃了午饭，就匆匆赶往日本使馆。

伊藤博文曾参与策划了中日甲午战争，并作为日方全权代表和李鸿章签订了让中国割地赔款的《马关条约》。1898年（光绪二十四年）6月，在日本国内的一场政治风波中，伊藤博文被迫下野，辞去首相职务。下野后的伊藤博文开始在韩国、朝鲜和中国游历，他打着"与中国政府共筹东亚安全之策"的幌子，借机考察东北亚形势，为日本的下一步扩张做准备。为了避免引起中国人的怀疑，伊藤博文把自己包装成同情光绪帝、支持中国维新变法的形象。

伊藤博文是日本明治维新的元老，推动了日本的明治维新，使日本国力大增，从默默无闻的东亚小国一跃成为19世纪末列强之一。维新派人士没有看穿伊藤博文的野心，他们期望这位日本的改革元老能够帮助光绪帝完成变法大业，纷纷上奏请求光绪帝能够把伊藤博文留在京城，聘为客卿。有的维新派人士甚至提出，让伊藤博文担任维新变法总顾问，总领中国的维新变法运动。

9月8日，伊藤博文由朝鲜前来中国，于9月11日到达天津。次日，荣禄在北洋医学堂设宴招待伊藤博文，袁世凯、聂士成全程作陪。恰在这时，光绪帝发来电报，邀请伊藤博文入京，以当面询问日本明治维新的情况。9月14日，伊藤博文抵达北京。9月16日，康有为到日本使馆拜访伊藤博文，请求他劝说慈禧太后多用汉族大臣，不要受满族守旧派老臣的蒙蔽。9月17日，张荫桓在自己的住所宴请伊藤博文，商定于9月20日安排伊藤博文与光绪帝会面。

康有为于9月18日下午赶到日本使馆后，向伊藤博文陈述了光绪帝锐意变法但因无实权备受慈禧太后等人打压的事实，极力恳请伊藤博文说服慈禧太后"回心转意"，支持维新变法。但是伊藤博文认为光绪帝的维新变法推进太急，又缺乏权力支持，难以成功，于是含糊其词，顾左右而言他，实际上是担心光绪帝这样的主战派上台后，清政府对日本的态度会发生转变，所以双方的交谈注定没有什么结果。康有为只得怀着失望的心情返回南海会馆。

第五节　义士夜行，密访世凯

康有为回到南海会馆后，将自己与伊藤博文商量无果的情况告诉了梁启超、谭嗣同等人，决定当晚派人面见袁世凯，说服袁世凯，启动"围园劫后"计划。经过商量，大家一致推举谭嗣同去见袁世凯。谭嗣同并不赞成康有为的"围园劫后"方案，这种方法将让光绪帝再无回旋余地，并且认为袁世凯也不可靠，但拗不过康有为，此外也别无良策，便听从康有为的意见，决定拼死一搏。

当天下午，荣禄给袁世凯发来电报，声称有多艘英国军舰在大沽口海面活动，令袁世凯迅速赶回天津听候调遣。荣禄对袁世凯也很不放心，正在密切注视他的一举一动。由于光绪帝让袁世凯在北京多待几天，等候召见，袁世凯回电给荣禄，说自己将于19日向光绪帝请示，获得批准后立即回天津。

晚上8时左右，袁世凯正在法华寺他的卧室里秉烛审阅幕僚拟写的奏文，卫士进来递给他一张名片，说军机处的谭嗣同大人来访，有急事要求见。袁世凯走出卧室，到客厅去见谭嗣同。

谭嗣同一见袁世凯便道："此事关系重大，请入内室，屏退左右。"

袁世凯屏退仆人和卫士，将谭嗣同引进卧室。一番寒暄之后，谭嗣同单刀直入，问道："袁公，八月初五是不是要见皇上？"

袁世凯："本是如此，但因英舰在外洋游弋，正在拟写奏折，请皇上当面给小臣圣训。"

谭嗣同不屑道："如今看来，外来者并不是大患，而内患，才是真正要命的地方！"

袁世凯明知故问："谭大人何出此言？"

谭嗣同慷慨道："袁公受皇上如此厚恩，应当思虑如何回报。如今皇上有大难，非公不能救。"

袁世凯装作大惊失色说："我受国恩深重，自应肝脑涂地，力图报效，但不知难在何处？"

谭嗣同回答："荣禄近日献策西太后，将弑君再行废立，袁公可知此事？"

袁世凯十分狡猾，只回答说自己在天津时常与荣禄交谈，觉得他这个人忠义，绝没有谋害皇上的意图和胆量，说荣禄废立弑君必定是谣言，不可相信。

谭嗣同向袁世凯解释说，荣禄此人极其狡诈，表面待你不错，其实内心非常猜忌你，你辛苦多年未得提拔，正是荣禄在背后搞鬼。最后，谭嗣同说："袁公如果真心想救皇上，我有一策与公商之。"

说罢，谭嗣同从怀内取出一份如名片般大小的草稿，指着上面的文字让袁世凯详阅。其内容大意是：荣禄妄图弑君，大逆不道，应予速除。袁世凯向皇上请训，皇上面授朱谕一道，令其带本部士兵赶赴天津，将荣禄立即正法。由袁世凯代为直隶总督，带兵入京，以一半兵围住颐和园，一半兵守卫宫廷。

袁世凯战战兢兢地问道："围颐和园是为了什么呢？"

谭嗣同毫不遮掩："不除掉西太后，国不能保。此事在我，公不必问。"

袁世凯再次打起太极："皇太后听政30余年，稳定朝纲，深得人心。我是她的部下，如令让我作乱杀之，必不可行。"

谭嗣同说："我雇有好汉数十人，并从湖南招集来多人，不日可到。

铲除西太后之事，袁公不必参与，您只要诛荣禄，围颐和园，即是大功。如您不答应我，我立即死在您面前。袁公之性命在我手中，我之性命也在袁公手中。今晚必须决定此事，我立刻进宫请旨办理。"

袁世凯显得十分为难："此事关系重大，怎能草率决定。谭公即使今晚杀我，亦不能定，且你今夜请旨，皇上也未必允准。"

谭嗣同有些发怒："我自有劝说皇帝之法，必不能不准，初五日定有朱谕一道，交给袁公！"

袁世凯见谭嗣同语气凌厉，不敢拒绝，只好托词摆起自己的难处来。他说宋庆、董福成、聂士成各军有四五万人，淮军有70多营，京城有八旗兵数万人，自己的军队不过7000人，难以举事，还说自己军队的粮械都在天津大营内，必须先将粮弹领运充足才可用兵。他要求谭嗣同容他熟思一下，等待半月二十日再回复具体办法。

谭嗣同不同意，又从怀中拿出一封朱谕给袁世凯看，上面写有"朕锐意变法，诸老臣均不顺手，如操之太急，又恐慈圣不悦，饬杨锐、刘光第、林旭、谭嗣同另议良法"等语句。

袁世凯见朱谕为墨笔所书，非红笔所书，认为有假，于是问道："此非朱谕，且没有诛荣相、围颐和园之说，我怎能相信呢？"

谭嗣同说："朱谕存在林旭手中，此为杨锐抄给我看的。皇上确有此朱谕，在3日前发给林旭。而林旭可恶，不立即交我，几误大事。谕内所言另议良法，即是诛荣禄、围颐和园二事。"

袁世凯道："青天在上，袁世凯断不敢辜负天恩，此事如果不妥筹详商，恐怕祸及皇上。我无此胆量，决不敢造次，成为天下罪人。"

谭嗣同再三催促，声色俱厉，要袁世凯立即决定，以便入宫面奏。

袁世凯见谭嗣同腰间衣襟凸起，里面似乎藏有凶器，担心引发变故，于是说道："9月皇上即将巡幸天津，那时各路军队聚集，皇上下一寸纸条给我，谁敢不遵，又有何事不成呢？"

谭嗣同感慨："只怕等不到9月，荣禄等人就要动手，形势急迫啊。"

袁世凯趁机道："既然皇上有巡幸之命，必不能有意外，下月起事，方可万全。"

谭嗣同有些无奈："如9月未能巡幸天津，又该怎么办呢？"

袁世凯安抚道："现各方已预备妥当，花费数十万金，不能轻易作罢。如果那样，我可请荣相力求太后，必将让皇帝出巡。此事有我，你可放心。"

谭嗣同终于相信了袁世凯："报君恩，救君难，立奇功大业，天下事入公掌握，在于公；如贪图富贵，告变封侯，害及天子，亦在公；惟公自裁。"

袁世凯一脸激动道："我三世受国恩深重，断不至丧心病狂，贻误大局。但能有益于君国，必当死生以之。"

谭嗣同见袁世凯说得如此慷慨激昂，信以为真，立即从座位上起身向袁世凯作揖，称他为"奇男子"。

袁世凯又询问谭嗣同，慈禧太后和光绪帝两人因何原因而导致不和。

谭嗣同说："只因罢去礼部六卿，这些官员便到太后处进谗言危词。怀塔布、立山、杨崇伊等人曾暗往天津，与荣相密谋，意图不轨。"

袁世凯道："既然如此，何不请皇上将变法详陈于太后，再将六卿官复原职，以释意见？且变法之事，不可操切，应当缓办，何必如此激切以至激生他变？"

谭嗣同说："自古非流血不能变法，必须将一群老朽全行杀去，始可办事。"

这时已是夜间子时（夜间11点到凌晨1点）了，满天星斗，袁世凯借口要赶写奏折，催促谭嗣同离开。袁世凯没有答应立即行动发动兵变，谭嗣同很是失望，但袁世凯也没有回绝谭嗣同，这让谭嗣同对他仍然抱有一丝希望。

按照事先的约定，谭嗣同离开袁世凯的住处后，径直来到维新派人士容闳的寓所金顶庙与康有为、梁启超等人会面。谭嗣同进来后，一五一十地向他们复述了自己与袁世凯见面的情景，并说他们先前高看了袁世凯，错估了袁世凯的决断、胆识，依靠袁世凯实现"围园劫后"的计划可能性不大。康有为等人听后大失所望，但他们还抱着最后一丝侥幸，等待袁世凯再次面见光绪帝的结果。

随后，康有为、梁启超、谭嗣同等人分别回到了各自的住所。谭嗣同回到自己的住所时，已经是9月19日清晨了，东方天空已经露出了鱼肚白。这时，毕永年前来向他询问其夜访结果。谭嗣同一边梳头，一边情绪低落地回答："袁尚未允也，然亦未决辞，欲从缓办也。"接着又说道："此事我与康争过数次，而康必欲用此人，真无可奈何。"

毕永年听后，连说"事今败矣！事今败矣"，劝说谭嗣同赶紧离京躲避，但是谭嗣同摇了摇头拒绝了。毕永年只好自行离京，于9月20日乘船前往日本，在横滨拜谒了孙中山，加入了孙中山组织的兴中会，走上了反清的革命道路。1899年（光绪二十五年），毕永年奉孙中山之命回国联络湖南、湖北等省与兴中会联合反清。1900年（光绪二十六年）10月参加孙中山领导的惠州起义，起义失败后逃到广州入罗浮寺落发为僧，但仍为国事奔走，忧劳成疾，于1902年1月14日（光绪二十七年十二月初五）于惠州病逝，与谭嗣同一样，年龄定格在33岁。

再说康有为回到南海会馆稍事休息几个小时后，拜访了英国传教士李提摩太，恳求李提摩太说服英国公使出面，劝说慈禧太后不要阻挠维新变法。李提摩太对康有为表示同情，答应帮忙，但是英国公使窦纳乐此时正在北戴河避暑，远水解不了近渴。

康有为无奈，只得转而又向伊藤博文寻求帮忙。下午3时，康有为来到伊藤博文的寓所，两人进行了长达3个小时的谈话。康有为请求伊藤博文在觐见慈禧太后时，尽量为光绪帝和维新派人士说情。伊藤博文答应，说自己在见到慈禧太后时会尽力化解帝后之间的误会。可惜的是，伊藤博文最终并没有见到慈禧太后。

谈话结束后，暮色已晚，康有为匆匆赶回南海会馆。当他到达南海会馆时，突然发现南海会馆的一面墙倒塌了。康有为预感到情况不妙，觉得北京将会发生大事，危险正在逼近，于是决定离开北京。

第六节　戊戌政变，光绪被囚

就在康有为等人积极活动准备"围园劫后"时，慈禧太后在颐和园也作了一个重大决定——回西苑。

光绪帝从9月14日来到颐和园，至9月18日离开颐和园回宫，其间，虽然因开设懋勤殿一事慈禧太后与光绪帝发生了激烈的争执，但是慈禧太后照常每天接受光绪帝的请安，光绪帝也在颐和园处理一些政事。光绪帝回宫当天，慈禧太后告诉他，自己将于9月21日回宫。光绪帝回到宫中后便开始安排相关事宜，准备到时迎接慈禧太后。

就在光绪帝离开颐和园后，慈禧太后接到了一份由御史杨崇伊拟写的奏折。杨崇伊的这份奏折虽仅500字左右，但内容却非同一般："掌广西道监察御史臣杨崇伊跪奏，为大同学会蛊惑士心，紊乱朝局，引用东人，深恐贻祸宗社，吁恳皇太后即日训政，以遏乱萌……风闻东洋故相伊藤博文，即日到京，将专政柄。臣虽得自传闻，然近来传闻之言，其应如响。伊藤果用，则祖宗所传之天下，不啻拱手让人。臣身受国恩，不忍缄默，再四思维，惟有仰恳皇太后，追溯祖宗缔造之艰，俯念臣庶呼吁之切，即日训政，召见大臣，周谘博访，密拿大同会中人，分别严办，以正人心。庶皇上仰承懿训，天下可以转危为安。"

奏折称康有为等维新派人士惑言乱政，借维新变法清除老臣、培植党羽，提到光绪帝即将接见日本前首相伊藤博文并聘请他担任维新变法顾问，篡夺大清江山，现在只有慈禧太后重新出山训政，天下才可以转危为安。

杨崇伊拟好奏折后请荣禄过目，荣禄大喜，让杨崇伊将奏折交予庆亲王奕劻转呈慈禧太后。但是奕劻面露难色，不愿代呈。杨崇伊威胁道："此折王爷已经见过，如日后闹出大乱子，王爷不能推说不知内情。"

奕劻无奈，只得赶到颐和园将奏折转呈给慈禧太后，并与李连英一起跪请慈禧太后训政。慈禧太后看过奏折后脸色大变，断然决定于当天晚上戌时（夜间7至9点）从颐和园返回西苑。清朝的政局也随之发生了惊天大逆转。

慈禧太后突然改变主意，提前返回西苑，主要是担心光绪帝聘任伊藤博文为维新变法总顾问，一旦伊藤博文留在北京协助光绪帝实施维新变法，自己就很难再干预，从而失去了对朝政大权的掌控。而且伊藤博文是日本人，在慈禧太后看来，让他来指导维新变法，无异于将大清江山拱手让给日本。因此，慈禧太后要提前回城。对此，苏继祖在其《清廷戊戌朝变记》一书中指出："八月之变，幽禁皇上，株连新党，翻改新政，蓄此心固非一日，而借口发难，实由于伊藤之来也。"

9月19日清晨，光绪帝动身前往颐和园向慈禧太后请安，在抵达颐和园园门时才得知慈禧太后天没亮就已赶回西苑。慈禧太后走的是水路，光绪帝走的是陆路，所以两人没有遇上。光绪帝大惊失色，心中产生了一种不祥的预感：之前慈禧太后说将于9月21日回宫，现在因何提前2天秘密回宫呢？光绪帝顾不得细想许多，赶紧折回城内。

慈禧太后在回西苑途中，休息了两次，换乘了两次船，又换乘了两次轿，并去万寿寺烧香，祈求大清祖宗在天之灵保佑大清江山平安无事。下午3点左右，慈禧太后到达西苑中海瀛秀园门外，而光绪帝也早已赶到这里，跪立于地迎接慈禧太后。随后，在侍卫和太监们的簇拥下，慈禧太后与光绪帝来到仪鸾殿。慈禧太后厉声责问光绪帝："我抚养汝二十余年，乃听小人之言谋我乎？"

光绪帝战战栗栗地站于一旁，不发一语。过了好一会儿才嗫嚅着说："我无此意。"

慈禧太后向光绪帝吐了口唾沫，大骂道："痴儿！今日无我，明日安有汝乎？"

随后，慈禧太后派李连英选出 16 名太监，将光绪帝监视起来。鉴于光绪帝接见伊藤博文的消息已经在社会上流传开来，为了避免引起社会动荡，引发列强出面干涉，也为了避免日本借机挑起事端，再次对大清发动战争，慈禧太后没阻止光绪帝与伊藤博文的会晤。随后，光绪帝召见袁世凯，慈禧太后也未加干涉。

9 月 20 日上午，光绪帝按原计划在勤政殿接见了伊藤博文。慈禧太后事先已经对光绪帝接见伊藤博文的谈话稿《问答节略》进行了审定，而且此时她藏于勤政殿的帘子后面监听光绪帝与伊藤博文的谈话。会谈过程中，庆亲王奕劻也陪坐一旁。

光绪帝与伊藤博文的会谈时间简短，内容也多是外交辞令。光绪帝向伊藤博文大致表达了三层意思：希望伊藤博文用书面方式对维新变法提出有建议性的建议；希望中日两国能永远友好；祝愿伊藤博文在中国游历顺利，一路平安。

在慈禧太后的严密监视下，光绪帝与伊藤博文没有谈到任何实质性的问题就匆匆结束了接见，连伊藤博文本人都感到很奇怪。这场被康有为等人视为决定维新变法生死存亡的外事活动，完全成了一种礼节性的过场而已。

之后，光绪帝在养心殿第 3 次召见了袁世凯。袁世凯不知光绪帝此时已经失去了人身自由，语重心长地劝告光绪帝："古今各国变法非易，非有内忧，即有外患，请忍耐待时，步步经理，如操之太急，必生流弊。"

同时，袁世凯还建议光绪帝重用张之洞等明达时务、老成持重的旧臣，不要过于轻信擢拔的新朝臣，"至新进诸臣，固不乏明达勇猛之士，但阅历太浅，办事不能慎密，倘有疏误，累及皇上，关系极重。"

光绪帝听后，甚为动容，但没有向袁世凯交代什么。袁世凯向光绪帝请安后退出，随即赶赴车站，乘火车离开北京，于日落时分到达天津。

就在光绪帝召见袁世凯的同时，荣禄已密派聂士成率武毅军开进北京城。一队队荷枪实弹穿着新式军装的士兵耀武扬威地走在北京城的大街上，北京城的形势骤然变得紧张起来，政变的乌云悄悄覆盖了北京城。

在这种情形下，康有为又一次走访了李提摩太，想通过李提摩太寻求英、美驻京公使的援助。但此时英、美公使也在观望形势，先后离开了北京，康有为的最后努力又化为泡影。鉴于大势已去，康有为在当天（9月20日）怀着沉重的心情离京，经天津搭乘轮船至上海吴淞口，在英国人濮兰德的帮助下换乘英国轮船前往日本避难。随后，梁启超也在伊藤博文的庇护下乔装出京，由天津逃往日本，光绪帝的左膀右臂已经离他而去。

袁世凯到达天津后，径直前往直隶总督府去见荣禄，向荣禄简要讲述了自己当天上午觐见光绪帝的情况。袁世凯话未说完，荣禄的几位幕僚和一些将领走进来，与荣禄商谈起在大沽口外游弋的英国军舰情况。袁世凯等到夜半时分，仍然觅不着空隙，只好先退下，与荣禄约定明日一早再详谈。孰料第二天北京城就爆发了一场震惊中外的大事件，近代中国的历史走向也因此发生改变。

9月21日清晨，慈禧太后突然发动政变，趁光绪帝在中和殿审阅礼部拟写的祭祀祝文时，命宫廷侍卫和太监将光绪帝执至西苑，囚禁于瀛台涵元殿，从此光绪帝完全失去了行动自由，过着囚徒一般的非人生活。在被囚禁之前，光绪帝对身边的庆亲王奕劻、礼亲王世铎等人说："朕不自惜，死生听天，汝等肯激发天良，顾全祖宗基业，保全新政，朕死无憾。"直到此时，光绪帝仍然心系维新事业，希望朝廷的守旧派能够看到维新变法的好处，激发天良、回心转意，以社稷江山为重，推行新政，将维新变法进行下去。然而,这只不过是光绪帝的一厢情愿而已!

随后,慈禧太后返回颐和园,以光绪帝的名义颁下谕旨,责成内阁对外公示,谕旨宣称:"现在国事艰难,庶务待理。朕勤劳宵旰,日综万几,兢业之余,时虞丛脞……因念宗社为重,再三吁恳慈恩训政。仰蒙俯如所请,此乃天下臣民之福。由今日始,在便殿(正殿以外的别殿)办事。本月初八日,朕率诸王大臣在勤政殿行礼。一切应行礼仪,着各该衙门敬谨预备。"这样,慈禧太后又以"训政"的名义,将朝政大权完全收回到自己的手中。

接着,慈禧太后以"结党营私,莠言乱政"的罪名,命步军统领衙门捉拿康有为及其弟康广仁交刑部治罪,以"滥保匪人,平素声名恶劣"的罪名将御史宋伯鲁革职,永不叙用。随即,崇礼出动士兵,查抄南海会馆,不过只抓到了康广仁。

光绪帝推行的这场维新变法,从6月11日开始,至9月21日告终,只进行了103天便告失败。慈禧太后发动的这场政变,史称"戊戌政变"。

第七节 世凯告密,六君喋血

一直以来,人们认为是袁世凯告密才导致慈禧太后决定发动政变。这可能是个误解,袁世凯确实告了密,但不是在慈禧太后发动政变前,而是在慈禧太后发动政变后。

最近几十年来,史学界很多专家与学者根据自己的研究,否定了是袁世凯告密导致慈禧太后发动政变的说法。早在20世纪六七十年代,学者吴相湘、黄彰健就提出了与传统说法截然不同的观点,明确指出戊戌政变的发生与袁世凯的告密无关。

吴相湘在其论文《戊戌政变与政变之国际背景——梁启超〈戊戌政

变记〉考订》中指出，戊戌政变的起因不在于袁世凯的告密，因为在此之前，慈禧太后已经开始行动了。黄彰健发表《论戊戌政变的爆发非由袁世凯告密》一文，指出戊戌政变并非因袁世凯的告密而发生，但是袁世凯的告密使政变骤然升级。另外，相关学者孔祥吉、房德邻、林克光等人也认为在袁世凯告密之前，慈禧太后就已经开始行动，着手发动政变了。有的学者还认为，梁启超在《谭嗣同传》中说袁世凯告密，只是基于他的个人感情好恶而有此说，并不可信。

20世纪90年代以来，诸多学者又持续深入地研究，纷纷发表著作探索袁世凯告密的真相。诸如：骆宝善著有《袁世凯自首真相辨析》《再论戊戌政变不起于袁世凯告密——兼与赵立人先生商榷》，赵立人著有《袁世凯与戊戌政变关系辨析》，房德邻著有《戊戌政变之真相》，刘路生著有《戊戌政变袁世凯初四告密说不能成立——兼与郭卫东先生商榷》，戴逸著有《戊戌年袁世凯告密真相及袁和维新派的关系》等。这些学者们在其著作中，进一步证实了吴相湘、黄彰健等人的判断，重申了以往盛传的袁世凯告密导致戊戌政变发生、光绪帝被囚禁、六君子喋血菜市口的说法并没有权威的史料明确记载，那只是人们的推测，不是历史。茅海建教授的最新研究也十分详尽地证实了这一点，他在《戊戌变法史事考》中指出，戊戌政变的起因不在于袁世凯的告密，理由很简单，在9月14日袁世凯应诏来京觐见光绪帝之前，慈禧太后再次训政已经进入了秘密策划阶段，此后制约和影响整个局势发展的力量，既不是光绪帝和康有为、梁启超等维新派人士，也不是拥有一定兵权的袁世凯，而是拥有实权的慈禧太后及其同党。

从戊戌政变的实际情况及袁世凯在政变前后的表现来看，我们可以看出上述学者们的论断是有一定可信度的。

9月21日，慈禧太后发动政变这天，只是下令捉拿康有为、康广仁，并未下令捉拿谭嗣同，而且给康有为、康广仁二人定的罪名是"结党营私，荧言乱政"，而不是"大逆不道""谋刺太后"之类最为严重的谋反罪名。而且据一些记载来看，慈禧太后发动政变初期还是比较谨慎的，这可能是担心打草惊蛇。如果慈禧太后已经得知康有为等人的计划，怎会有这般耐心呢？她可以直接向天下宣告，康有为等人意欲刺杀太后，便可以名正言顺、大张旗鼓地捉拿问罪了。可见，此时慈禧太后还不知道康有为策划的"围园劫后"计划，更不知道谭嗣同与袁世凯的密谈，因此可以断定此前袁世凯并未告密。而且从告密到发动政变的时间太短了，从得知到决定、部署，总计一天的时间，这与慈禧太后老谋深算的作风似乎不太符合。

袁世凯在自己的日记《戊戌纪略》中说自己是在慈禧太后发动政变之前告的密："抵津，日已落，即诣院谒荣相，略述内情，并称皇上圣孝，实无他意，但有群小结党煽惑，谋危宗社，罪实在下，必须保全皇上以安天下。"很可能是袁世凯为了证明自己与维新派没有瓜葛，撇清维新派打算联合他发动政变的嫌疑所写的，也有可能是袁世凯有为了阻止康有为等人发动政变而邀功的嫌疑。

结合史料和相关研究，比较可信的说法是，在慈禧太后发动政变的当天（9月21日），御史杨崇伊赶到天津，向荣禄报告了慈禧太后重新训政（发动政变）的消息。这天晚上，荣禄将袁世凯召入府中。袁世凯到达时，发现"卫兵夹道罗列"，气氛异常紧张。荣禄向袁世凯出示慈禧太后训政的电报，袁世凯看了大吃一惊，又见杨崇伊也在场，以为维新派"围园劫后"的密谋已经败露，担心会祸及自身，"乃大哭失声，长跪不起"，将谭嗣同密访自己一事和盘托出，并"跪求荣为其作主"。

9月22日，杨崇伊返回北京，向奕劻报告了袁世凯所说的情况，奕劻飞报慈禧太后。9月24日，慈禧太后下令逮捕谭嗣同、刘光第、杨深秀、杨锐、林旭等人。随后，刚毅关闭北京所有城门，出动大批军队，在北京城内搜捕维新变法人士，这种行动和措施才与慈禧太后得知有人意欲刺杀自己相符。杨锐、林旭、徐致靖尽皆被捕,刘光第投案自首。谭嗣同也在浏阳会馆被抓走,入狱后他泰然自若,题诗于壁曰:"我自横刀向天笑,去留肝胆两昆仑。"御史杨深秀因上疏诘问慈禧太后为何罢黜光绪帝,请求慈禧太后撤帘,于3日后在闻喜会馆住处被捕。9月28日,未经审讯,谭嗣同、杨深秀、杨锐、林旭、刘光第、康广仁六人就被杀害于北京宣武门外的菜市口。行刑时,谭嗣同仰天大呼:"有心杀贼,无力回天!死得其所,快哉快哉!"这六人史称"戊戌六君子"。

在戊戌六君子遇害的次日(9月29日),慈禧太后以光绪帝的名义发布谕旨宣称:"近因时势多艰,朝廷孜孜图治,力求变法自强。凡所施行,无非为宗社生民之计,朕忧勤宵旰,每切兢兢。乃不意主事康有为首倡邪说,惑世诬民,而宵小之徒,群相附和,乘变法之际,隐行其乱法之谋。包藏祸心,潜图不轨。前日竟有纠约乱党,谋围颐和园,劫制皇太后及朕躬之事。幸经觉察,立破奸谋。"显然,这个"谋围颐和园,劫制皇太后"的新罪名是袁世凯告密的结果。

这样看来,袁世凯是在听到慈禧太后训政消息、断定维新运动已经失败之后,经过内心权衡,他担心维新派人士供出自己受到牵连才告密的。纵观整个政变过程,袁世凯即使不是戊戌政变的引发者,也是戊戌政变升级的推动者。他为了自保,他供出了维新派人士"围园劫后"的秘密,出卖了谭嗣同等人,导致戊戌政变形势骤然激烈,谭嗣同等人被捕罹难,使维新变法彻底走向了失败,他在整个政变过程中负有不可推卸的责任。

对此,当时社会上流传着一首著名的歌谣,以讽刺袁世凯的无耻告密行径。

六君子,头颅送。
袁项城,顶子红。
卖同党,邀奇功。

> 康与梁，在梦中。
>
> 不知他，是枭雄。

袁世凯虽然告密有功，但是慈禧太后依然认为他与维新派人士有染，欲予以惩处。在荣禄的求情下，慈禧太后才放了袁世凯一马。后来袁世凯凭借八面玲珑的政治手腕，重新获得了慈禧太后的信任，在朝中平步青云。变法之前，袁世凯只是个正三品直隶按察使；变法末期，他被提拔为正二品侍郎候补；一年后，升任山东巡抚，成为威震一方的封疆大吏。

然而，令慈禧太后和荣禄等人没有想到的是，13年后，正是这个他们起初防范后又重用的袁世凯逼迫清帝溥仪退位，一手终结了清朝的统治。正如历史学者羽戈所言，袁世凯"固然背上了告密的罪名，被康有为一派痛斥为慈禧的忠犬，然而在十余年后，恰是这条爱新觉罗家的走狗，把爱新觉罗家的政权送进了坟墓"。

总之，戊戌政变后，维新派人士和支持变法的朝廷官员或被杀，或被监禁，或被革职，无一幸免。光绪帝推行的新政，除京师大学堂外，一概废除。在以慈禧太后为首的顽固守旧派的疯狂反扑下，戊戌变法如昙花一现般迅速夭折了，维新派噤若寒蝉，守旧派弹冠相庆，神州大地又陷入无边的黑暗之中。

袁世凯在戊戌政变中的反复，是大大出乎光绪帝意料的。当初，光绪帝对袁世凯信任有加，冒着风险接见袁世凯，多次提升袁世凯的官职，希望将袁世凯拉拢到自己的阵营，而袁世凯在光绪帝面前表现得像个忠臣，岂料关键时刻不仅没有站在光绪帝一边，还出卖了谭嗣同等维新志士，光绪帝也跌入了万劫不复的深渊。袁世凯的这一卑劣行径，光绪帝是极为鄙视的，从此对袁世凯怀着刻骨的恨意，这股恨意也伴随他10年，直到他在瀛台含恨驾崩时才消失。

第七章

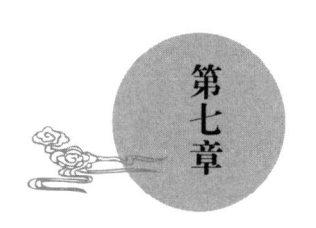

瀛台囚徒，苦难天子泣血泪

沦为阶下囚的光绪帝，在瀛台过着暗无天日、凄惨不堪的生活。慈禧太后想尽一切办法迫害、折磨他，光绪帝吃不饱、穿不暖、住不好、睡不安，身心受到了极大的摧残。自己苦心经营的维新变法化为泡影，自己也成了笼中之鸟。光绪帝的心在滴血，喟然长叹："朕且不如汉献帝也！"

第一节 慈禧咆哮，三审光绪

慈禧太后发动戊戌政变，对维新派人士进行了全面的清算，对光绪帝，她自然也不能放过，一步一步地加紧了对他的迫害。根据苏继祖《清廷戊戌朝变记》记载，在政变发生的3天时间里，太后对皇帝进行了3次审讯。

9月21日，即戊戌政变的当天，黎明时分慈禧太后在便殿召集亲庆王奕劻、端郡王载漪等一群王公大臣,令其跪于御案右,光绪帝跪于御案左,自己则坐在御案后,还让李连英弄来了一根丈把长的竹制朱杖放在御案前。整个场面杀气腾腾,俨然是在审讯一个大逆不道、罪不容诛的重犯。

审讯开始,慈禧太后声嘶力竭地责问光绪帝:

"天下者,祖宗之天下也,汝何敢任意妄为?诸臣者,皆我多年历选,留以辅汝,汝何敢任意不用?乃竟敢听信叛逆蛊惑,变乱典型。何物康有为,能胜于我选用之人?康有为之法,能胜于祖宗所立之法?汝何昏聩,不肖乃尔!"

慈禧太后口口声声斥责光绪帝"听信叛逆蛊惑",毁弃大清祖宗家法,意在表明光绪帝的变法已经触犯了"天条",超过了她的容忍限度,而这正是她不顾一切地要扑灭新政的原因。

训过了光绪帝,慈禧太后又面向群臣,滔滔不绝地训斥起来:

"皇帝无知,汝等何不力谏?以为我真不管,听他(光绪帝)亡国败家乎?我早已知他不足以承大业,不过时事多艰,不宜轻举妄动,只得留心稽查管束;我虽人在颐和园,而心时时在朝中也。我惟恐有奸人蛊惑,所以常嘱汝等不可因他不肖,便不肯尽心国事;现幸我还康健,必不负汝等也。今春奕劻再四说,皇上既肯励精图治,谓我亦可省心,我因想外臣不知其详,并有不学无术之人,反以为我把持,不许他放手办事,今日可知其不行矣。他是我拥立者,他若亡国,其罪在我,我能不问乎?汝等不力争,是汝等罪也。"

至此,慈禧太后终于道出了自己隐藏多年的心机——"我虽人在颐和园，而心时时在朝中也"，她所谓的撤帘归政不过是做给天下人看的，是为了避免天下人指责她揽权不放、独断朝纲。而且她心中已认定光绪帝"不足以承大业"，一直有重返前朝训政的意图，只不过不想背负一个"把持朝政"的骂名罢了。这番她训斥大臣，更像是在批评新政，为自己重新上台铺垫。如此看来，慈禧太后此次发动政变绝非一时冲动之举，而是早有此谋了！

群臣本以为他们是来陪审的，现在见慈禧太后将怒火也撒在他们头上，个个惊恐失色，如捣蒜般地不停叩头，连称自己有罪。

过了一会，军机大臣刚毅觉得慈禧太后似乎打击面有点过大，把他们这些效忠的大臣也包括进去，便嗫嚅着辩解道："屡次苦谏，每加谴斥，其余众臣，亦有言谏过者，亦有不语者。"

慈禧太后正在气头上，无心听刚毅的辩解，继续指责光绪帝："变乱祖法，臣下犯者，汝知何罪？试问汝祖宗重，康有为重？背祖宗而行康法，何昏聩至此？"

慈禧太后盛气凌人，恨不得要将光绪帝一口吞下去才解恨。此时孤单的光绪帝处于"被告"的位置上，他已经没有了再与慈禧太后对抗的勇气，但依然想为维新变法之事正名，他战栗着回答："是固自己糊涂，洋人逼迫太急，欲保存国脉，通融试用西法，并不敢听信康有为之法也。"

见光绪帝还在争辩，并为康有为回护，慈禧太后更是气不打一处来，厉声怒斥道："难道祖宗不如西法，鬼子反重于祖宗乎？康有为叛逆，图谋于我，汝不知乎？尚敢回护也！"

见光绪帝不吭声，慈禧太后越发认定光绪帝指使康有为谋害她，于是又厉声问道："汝知之乎？抑同谋乎？"

光绪帝已经茫然无措，脑子一片空白，不由自主地脱口而出："知道。"

慈禧太后见光绪帝承认了，怒火冲天，恶狠狠地咆哮道："既知道还不正法，反要放走？"

光绪帝战栗着说道:"拿杀。"

于是,慈禧太后立刻以光绪帝的名义下达了一道训政令,请慈禧太后垂帘听政。

由于此时还没有光绪帝参与"围园劫后"密谋的确凿证据,慈禧太后也就没有定光绪帝的罪名,仍命李连英派太监将光绪帝监禁起来。

9月22日,慈禧又单独审问了光绪帝。

9月23日,光绪帝率群臣在勤政殿向慈禧太后行三跪九叩礼,恳请慈禧太后训政,慈禧太后接受了群臣的请求,还把从光绪帝书房和康有为住处查抄的奏折、书信等物件在大臣面前一一公布,并就光绪帝催促康有为迅速出京的信函追问光绪帝,意在使皇帝出丑,彻底失去公信力。光绪帝推托说这是杨锐的主意,与己无涉。慈禧太后又追问弑母之谋,光绪帝有口难辩。慈禧太后当即下旨,捉拿、剿杀维新派党人,同时宣布旨意,囚禁光绪帝于瀛台。从这天开始,慈禧太后就不让光绪帝与她一起在仪鸾殿共同处理朝政了。为了避免群臣议论,慈禧太后只是在早朝时让光绪帝出来接见群臣,走走过场,临时应付一下。

9月25日,慈禧太后逼迫光绪帝下旨,宣布皇上因病求医,谕旨通过内阁公布。谕旨宣称:

> 朕躬自四月以来,屡有不适,调治日久,尚无大效。京外如有精通医理之人,即着内外臣工切实保荐候旨。其现在外省者即日驰送来京,勿稍延缓。

实际上,光绪帝并没有患什么大病,只不过是心情郁闷而已。慈禧太后是想通过对外宣称光绪帝因患病而不能继续处理朝政,向文武百官说明她训政的理由,以此将光绪帝彻底"雪藏"。

在围剿维新派人士、迫害光绪帝的同时,慈禧太后又巩固了后党的阵营。9月25日，慈禧太后召荣禄进京，任命他为军机大臣，负责主管兵部事务并仍统领北洋三军，命袁世凯暂时署理直隶总督。9月28日，慈禧太后授裕禄为直隶总督兼北洋大臣，将被光绪帝革职的怀塔布升为都察院左都御史兼总管内务府大臣。另外，慈禧太后整顿礼部，任命守旧派满族官员启秀为礼部尚书，不久又任命他为军机大臣兼总理衙门大臣。在政变中立功的守旧派官员获得升迁，因阻挠变法而丢官的守旧派官员又重新得势。

9月29日，在未加审讯就杀害"戊戌六君子"的次日，慈禧太后以光绪帝的名义颁发谕旨，除了给康有为等人定罪，还严令各省督抚大臣缉拿康有为、梁启超，并说为防节外生枝，已于昨日将谭嗣同、刘光第等六人先行正法。

谕旨拟好后，慈禧太后又在便殿对光绪帝进行了第二次审讯。慈禧太后逼迫光绪帝表态，承认康有为、梁启超为"乱臣贼子"，并下旨捉拿。光绪帝阅过谕旨，得知谭嗣同、刘光第等人已经遇害，心如刀割，而康有为、梁启超是自己一手提拔起来的，二人忠心耿耿辅佐自己推行新政，让自己亲自下旨捉拿他们，这如何能做到！但是光绪帝此时已经处在慈禧太后的严密掌控下，他已经没有了选择的余地。军机大臣廖寿恒将谕旨"呈与皇上，皇上转呈太后阅毕，仍递交皇上。皇上持此旨目视军机诸臣，踌躇久之，始发下"，光绪帝也彻底明白，这场维新变法已经彻底失败！

同一天，慈禧太后宣布取消天津阅操之行，同时降下懿谕，对参与和有助于政变的聂士成所部武毅军、董福祥所部甘军、袁世凯所部新军分别赏银，"以示体恤"。

之后，慈禧太后又在便殿召集群臣，对光绪帝进行第三次审讯，这次声势更大，现场成了批斗大会。慈禧太后将在光绪帝的寝宫、书房和康有为的住所中搜查来的奏文、信件、书稿等材料，统统拿出来摆在御案上，逼迫光绪帝逐条指认，试图让光绪帝心服口服，彻底认罪。

光绪帝仍然是以沉默对抗，他又能说什么呢？此时此地，一切话都是多余的。再说，就算他开口辩解反驳，慈禧太后又会同意他的说法吗？随即，慈禧太后以光绪帝"不敢认"为名，仍把他押解到瀛台涵元殿，命令李连英派亲信太监日夜轮番监管。至此，光绪帝成了一个不戴枷锁的囚徒。

第二节 囚徒皇帝，瀛台泣血

瀛台位于西苑三海（北海、中海、南海）的南海，是一座人造的小岛，始建于明朝，当时称为"南台"。清朝顺治、康熙年间曾两次修建，在岛上修筑了大量殿宇，作为帝王听政、避暑、设宴和游居之处。1655年（顺治十二年），顺治帝将其改名为"瀛台"，意为神仙居住的海上仙岛。瀛台与中海的水云榭岛、北海的琼华岛被称为三海中的"三神山"，分别象征东海的三座仙岛蓬莱、瀛洲、方丈。

康熙帝和乾隆帝对瀛台情有独钟。康熙帝曾在此办公，史称"瀛台听政"，平定三藩之后还在这里举行了瀛台凯旋宴。乾隆帝不但少年时期在此读书，登基之后也曾在这里听政。而如今，这里却成了囚禁光绪帝的囚笼，康熙帝和乾隆帝若是泉下有知，此时不知做何感想。

慈禧太后将光绪帝囚禁在瀛台后，为了防止光绪帝逃出瀛台，便命人把北面的桥板撤掉，太监每天乘船前来给光绪帝送膳。

对于光绪帝用膳，慈禧太后有严格规定：要等饭菜凉了才可以吃。光绪帝幼年在宫中就受太监虐待，饮食无常，时常忍受饿肚子的痛苦，以致患了胃病，现在每天又吃冷饭冷菜，无疑加重了他的胃病。而且饭菜又冷又硬，难以下咽，光绪帝时常吃不饱。一次，光绪帝自己点了一道菜，慈禧太后却说光绪帝浪费，不准加菜，之后光绪帝就不敢再提什么要求了。有时饿极了，光绪帝就采摘木槿花缨来充饥。

对于光绪帝的衣着，慈禧太后也不让换新的，时间一长，光绪帝的衣物都变得破破烂烂。一次，慈禧太后命侍卫带着光绪帝跟她去天坛祭天，光绪帝穿着不合脚的破鞋，走起路来"扭扭捏捏"，跟不上侍卫的步伐，不得不请求侍卫放慢脚步。

光绪帝居住的房间十分简陋，只有床和桌子，没有多余的摆设。到了冬天，寒风凛冽，涵元殿的窗户纸被寒风吹破，慈禧太后也不允许修补，光绪帝在寒风中冻得瑟瑟发抖，上下牙齿"打架"，只得搓着双手在殿内来回走动，以此取暖。

光绪帝身边的太监实在看不下去了，便去找户部侍郎立山，请他开恩将涵元殿的窗户纸裱糊一下。立山听后也觉不忍，就命人去把窗户纸重新裱糊了一下。

谁知这事传到了慈禧太后那里，慈禧太后立即将立山召来，冷冷地说道："立山，你最近越来越能干了，看来我得赏你点儿什么。"

立山被问得丈二和尚摸不着头脑，一时愣在那里，不知如何回答。

慈禧太后又冷笑道："明儿个我赏你个差使，专门管打扫瀛台！"

立山这才明白是怎么回事，惊出一身冷汗，双腿一弯，跪在地上，双手同时左右开弓轮番打自己耳光，边打边告饶："奴才该死！奴才该死！"

慈禧太后厉声喝道："滚出去！"

立山识趣地就势一躺，打了几滚，滚出殿去，逗得慈禧太后扑哧一下笑出声来。立山虽暂时逃过一劫，但慈禧太后从此对他怀恨在心了。

有年冬天，南海水面结了冰，光绪帝走出涵元殿，打算通过冰面到对面去散散心，刚走出没几步就被太监发现，太监跪在地上，阻止光绪帝外出。光绪帝无奈，只得返回。慈禧太后得知此事，立即命人每天都把冰面凿开，露出水面，不给光绪帝任何一丝逃跑的机会。

面对此种状况，光绪帝愁肠百结，苦闷异常。此时的光绪帝，是多么渴望自由，渴望能够像平常人一样到外面的世界走一走、看一看，享受正常人的生活，可是慈禧太后已经不给他这样的机会了。慈禧太后不仅夺去了他的皇帝权力，而且也剥夺了他作为一个普通人的生活权利，光绪帝的活动范围被限制在瀛台这个小小的天地里，他就像笼中的小鸟一样过着与世隔绝的生活。

一次，光绪帝在瀛台闲逛，走进太监们的住处，看到屋内桌上摆着一本《三国演义》。光绪帝拿起书翻看了几页，喟然长叹道："朕且不如汉献帝也！"

这期间，光绪帝有时被慈禧太后派人从瀛台带到养心殿，陪同慈禧太后召见朝臣。以前垂帘听政时，慈禧太后坐在光绪帝的后面，中间挂着一面帘子，现在干脆连帘子也不挂了，慈禧太后和光绪帝并排而坐。慈禧太后和大臣一问一答，光绪帝只是在一旁坐着，从不插言，如同木偶一般。慈禧太后觉得光绪帝这样会引起朝臣们的议论，传到外面对自己不利，于是有时用手捅捅光绪帝，让他也说几句话。光绪帝表情木然地说几句不着边际的话应付一下，然后再被送回瀛台。

第三节 灵犀相通，帝妃幽会

慈禧太后将光绪帝囚禁在瀛台，严加看管，而光绪帝挚爱的珍妃，慈禧太后也没有放过。

珍妃性格开朗，思想活跃，喜欢新生事物，是光绪帝后妃中唯一有政治头脑的人。戊戌变法期间，珍妃积极支持光绪帝推行变法，一度成为光绪帝和维新派人士之间的桥梁，慈禧太后早就视她为眼中钉、肉中刺。

第七章 / 瀛台囚徒，苦难天子泣血泪

另一方面，光绪帝专宠珍妃、冷落隆裕皇后也让慈禧太后加深了对珍妃的忌恨。因此，将光绪帝囚禁在瀛台时，慈禧太后就对珍妃实施了迫害。

慈禧太后命人对珍妃施以褫衣廷杖之刑，野蛮地扯下她头发上的簪环，将她幽禁于偏僻的钟梓宫北三所（位于紫禁城东北角景祺阁北侧，现已塌毁）最西面的一间屋中。北三所原为明朝皇帝乳母居住养老的地方，慈禧太后将珍妃幽禁在这里后，命人将屋门从外面反锁，打上内务府的封条。

慈禧太后不许珍妃与光绪帝见面，并责令所有太监不准为珍妃传递消息，违者"即行正法，决不姑容"。慈禧太后余怒难消，又以"串通是非，不安本分"的罪名，对侍奉珍妃的几名太监也分别给了刑罚处分。

此后，珍妃由慈禧太后派去的两名年老太监看守，在北三所过了两年暗无天日的凄惨生活。她不能和任何人说话，饮食、梳洗用水等均由太监从一扇活窗中端进递出，每天只许上一次厕所。珍妃吃的都是慈禧太后规定的"冷粥温菜"，米粥必须放凉，菜也不能上热的，其实就是把她扔在这里等死。

逢年过节，或是每月初一、十五，慈禧太后还命令看守珍妃的老太监代表自己训斥珍妃。训斥是在午饭前进行的，老太监指着珍妃的鼻子厉声训斥，一一列数珍妃的"罪状"，珍妃跪在地上忍气吞声地听训。训斥结束后，珍妃还要叩头谢恩，感谢慈禧太后的"教导"。在北三所两年多的日子里，珍妃饱受折磨、备受欺凌，生活凄惨至极，与光绪帝一样，她的身心都受到了极大的摧残。昔日如花似玉的珍妃被折磨得面容憔悴，失去了人形，一个如鲜花一样的生命从此失去了活力，渐趋枯萎。

同为囚徒的光绪帝和珍妃这对苦命鸳鸯，彼此都在心中思念对方，为对方的命运担忧。光绪帝因为思念珍妃，常常饮食不思，夜不能寐，他知道慈禧太后不会放过珍妃，心中焦急万分。德龄公主在她的《光绪

泣血记》中说，此时"光绪为了珍妃的安全愁得简直要发疯"。监视光绪帝的太监中有个名叫王商的，对光绪帝很同情，他知道光绪帝的心思，便私下对光绪帝说自己愿意帮忙想办法找到珍妃，让光绪帝与珍妃见见面。

王商先派自己的几名心腹太监出去打听珍妃的消息，最后得知珍妃被幽禁在钟梓宫北三所。那么如何让光绪帝与珍妃见面呢？白天是不可能的，只有在夜间偷偷进行。连接瀛台和北岸的木板桥已经被慈禧太后命人拆掉了，光绪帝只有乘船才能到对岸去私会珍妃。但是夜间乘船偷渡，船桨划水的声音在静静的夜里听起来会特别响，声音会传得很远，一旦被守卫瀛台的侍卫发现，报告到慈禧太后那里去，后果将不堪设想，王商和他的心腹太监能有几个脑袋砍？何况瀛台与钟梓宫北三所相隔一二里远，光绪帝夜间在路上行走难免会碰上巡逻的士兵，到时又怎么办？

王商苦思冥想，终于想出了一个办法：白天，偷偷在摆渡光绪帝上岸去宫中所乘小船的首尾分别系上一根长长的绳子，待天黑光绪帝上了船之后，事先等在对岸的太监就用力拽船首的长绳，岛上的太监则慢慢放松系在船尾的长绳。小船在水面上缓慢滑行，果真一点动静也没有。光绪帝回来时用同样的办法，由岛上的人用力拉绳将船拽回来。等光绪帝登岛后，就将船首船尾系的绳子解下藏起来，等到第二天夜幕降临时又将绳子系在船首船尾，按原先的方法如法炮制。

为了安全起见，夜间偷渡时王商让光绪帝也换上太监的服饰，万一碰到巡逻的士兵，也容易蒙混过关。上岸后，王商就领着光绪帝躲躲藏藏地来到钟梓宫北三所。夜幕笼罩着紫禁城，周围静悄悄的，听不到一点声响，看守珍妃一天的老太监早已回到自己的住处睡觉去了。而珍妃也早已得知消息，此时正在窗前苦苦地盼望着光绪帝的到来。

王商躲藏在附近放哨，光绪帝蹑手蹑脚地走到珍妃的屋前，朦胧中看到窗前那个熟悉的人影，禁不住泪如泉涌。光绪帝扑到窗前，将手伸过窗户的缝隙，一把抓住珍妃的手。屋内漆黑一片，光绪帝看不清珍妃的面容，但可以想象她憔悴的模样，珍妃却把皇上瘦削的面庞看个仔细。珍妃已哭成了泪人，光绪帝肝肠寸断，泪如雨下。两人不敢大声说话，只是抽泣着互相劝慰对方，彼此倾诉着对对方的思念之情，诉说着各自的悲愤情绪。

夜深了，王商一次一次地来催光绪帝，提醒光绪帝应该回去了，但光绪帝舍不得离去，最后王商只好将光绪帝硬拽着拉走了。光绪帝离开窗前，一步一回头，依依不舍地离去。之后，一有机会，光绪帝就恳求王商在夜晚带他偷偷与珍妃见面，而珍妃也一如既往地在窗前伫立等候光绪帝的到来。

再后来，溥俊被选为大阿哥，光绪帝随时都有被废黜的可能，珍妃得知消息后，便劝光绪帝不要冒着风险再来了。光绪帝没有应允，只不过来的次数比以前少了。光绪帝夜间从瀛台偷偷去探望珍妃的事持续了两年之久，直到光绪帝被慈禧太后挟持西逃西安，珍妃被慈禧太后命人投入井中而死为止。

第四节 废帝阴谋，终告破产

慈禧太后成功地发动了政变，将维新派人士一网打尽，囚禁了光绪帝，如愿以偿地实现了再度训政的愿望。按理说，慈禧太后应该高兴才是，但是她没有，她又为一桩事发起愁来。

慈禧太后在愁什么呢？她在为自己的年龄发愁！1898年（光绪二十四年），她已经是位63岁的老妪了，头发多已泛白，额头皱纹密布，而光绪帝还不到而立之年，青春年少，血气方刚，在年龄上她已经输给光绪帝了。

一旦慈禧太后百年之后，或是再过几年她年事趋高，无力掌控朝政，光绪帝就会重返金銮殿，再度登上皇帝宝座。到那时，康有为、梁启超等维新派首领就会从海外返回国内，重新拥戴光绪帝，向后党发起清算，慈禧太后给光绪帝和维新派人士捏造的罪名就会被一一推翻，朝廷就会再度"翻天"，自己的身后名也将不保。

慈禧太后考虑到这一点，因此在将光绪帝囚禁在瀛台后，她又着手实施一个更为恶毒的阴谋——废黜光绪帝，另立新君。

在发动政变后，慈禧太后连番公审光绪帝，诬陷光绪帝指使维新派人士"围园劫后"，与此同时对外宣称光绪帝患病"调治日久，尚无大效"，向各省寻求名医进宫诊治，还授意太医捏造脉案定时对外公布，极力制造光绪帝病重不能理政的气氛，为废黜光绪帝制造各种理由。慈禧太后还命荣禄将光绪帝"患病"的情况密电告知各省总督、巡抚，并通报给驻京的外国公使，以此投石问路，观察外界的反应。

然而慈禧太后的如意算盘打错了，她自以为聪明的手段招来了中外的一致质疑。政变发生、慈禧太后发布训政谕旨后，光绪帝从人们的视野中骤然消失，已经让世人对慈禧太后的质疑声不断。而为光绪帝寻医诊治的谕旨公布后，人们越发感到疑惑：上半年光绪帝还在雷厉风行地颁布维新变法诏令，精神振奋地倡导维新变法运动，为何下半年就病入膏肓，而且"病"到连太医都不可医治的程度？

一时间，种种传闻和议论满天飞。有人说皇上已经逊位，有人说皇上被囚禁在某个神秘的地方，还有人说皇上在戊戌政变后的第一天就上吊自杀，甚至有人说皇上已经被慈禧太后暗中毒死。外国的媒体也纷纷发表评论，说光绪帝已经遇害，英国驻上海的代理总领事白利南直接绕过驻华公使电告英国外交大臣，说光绪帝已死、新党失败、太后当政。日本人甚至识破了慈禧太后的阴谋，日本驻京记者在日本《时事新报》上评论道："以为西后既老，光绪方壮，若太后一旦死，恐光绪复政，不利于己，故不如及西后在时，绝其根也。"可谓一针见血。

国内一些有识之士也预感到慈禧太后是在为废黜光绪帝铺设台阶，在商界颇有威望的企业家经元善联合国内外工商界人士和海外华侨，联名给慈禧太后发去电文，直截了当地向慈禧太后提出了"请保护圣躬（光绪帝）"的要求。一石激起千层浪，国内各界人士纷纷发声，要求慈禧太后就光绪帝的事情给出交代。

在巨大的舆论压力下，后党骨干分子、慈禧太后亲信荣禄也产生了顾虑，他不愿背负废帝的恶名，于是建议慈禧太后私下先征求各省总督、巡抚的意见，然后再做决定。慈禧太后表示同意，随即以荣禄的名义密电各省总督、巡抚，说自己将要拜谒太庙，为光绪帝立嗣，就此征询各省总督、巡抚的意见。话虽然很隐晦，但是各省总督、巡抚心知肚明，这就是为扶立一个更"听话"的傀儡皇帝上台做铺垫。

张之洞对荣禄发来的密电没有立即回答，以沉默表示反对。两江总督刘坤一接到荣禄的密电后，邀请张之洞联衔复电表态，张之洞以"此陛下家事，何必更问外人"为由回复刘坤一，表示皇帝废立之权全在慈禧太后，非封疆大吏所能干预，不愿表态。刘坤一便单独复电荣禄，明确表示："君臣之义已定，中外之口难防。坤一为国谋者以此，为公谋者亦以此。"对还没摆上台面的废帝一事投了反对票。

刘坤一还向清政府上呈《太后训政保护圣躬疏》，在奏疏中指出："经权之说须慎，中外之口宜防。现在谣诼纷腾，人情危惧，强邻环视，难免借起兵端。伏愿我皇太后、我皇上，慈孝相孚，尊亲共戴，护持宗社，维系民心……坤一受恩深重，图报无由，当此事机危迫之际，不敢顾忌讳而甘缄默。"刘坤一虽然言辞闪烁，但反对废帝的意向十分明显，他是想提醒慈禧太后，现在局势已经十分紧张，天下人不会同意她废黜光绪帝。

铁路大臣盛宣怀也向荣禄发来密电，认为慈禧太后操之过急，废黜光绪帝将会招致列强干涉，国家安危只在瞬息，希望荣禄能够有所举措，避免出现紧张的局势。

在刘坤一等人的影响下，东南各省一些总督、巡抚也随声附和，反对废帝之事，如两广总督陶模就上电朝廷，谏阻废黜光绪帝。

与此同时，外国列强也开始介入慈禧太后废黜光绪帝一事，相比慈禧太后，列强更倾向于支持光绪帝。慈禧太后保守排外，对列强有着由来已久的仇视心理，这是列强们不愿见到的，而光绪帝的思想倾向于西方，能够接受西方事物，因此列强对光绪帝有着一种特殊的"好感"。列强担忧慈禧太后重掌清政府大权后会推行排外政策，这对他们维持、扩大在华利益是非常不利的。因此，在戊戌政变发生后，列强就对光绪帝的动态表现出了极大的关注，力图阻止慈禧太后加害光绪帝。

在政变的第二天，英国就通知驻华海军负责人西摩尔中将率舰队到大沽口附近等候调遣。当得到光绪帝"患病"的消息后，英、日等驻京公使一再要求觐见光绪帝，力图摸清光绪帝的"病情"和下落。同时，英国驻京公使窦纳乐和日本驻京代理公使林权助都频繁地向其本国政府电告政变后的大清政局和光绪帝的情况，加紧策划对策。在此期间，英国在华的舆论工具《字林西报》连续发表抨击慈禧太后和赞扬光绪帝的文章，《泰晤士报》驻京记者也不断发回报道光绪帝的消息。

列强驻上海的领事一起来到大臣盛宣怀的府邸，向盛宣怀询问光绪帝的近况。盛宣怀否认光绪帝已经被废黜，声称"谣传废立，必不可信"。但是英国领事不相信，反驳说"最毒妇人心，英亦有此语"，意思是英国早就知道慈禧太后废黜光绪帝的心思了，并扬言假如慈禧太后果有此举，各国必不会袖手旁观，于一月内，英可调印度兵30万来华。两天后，日本也照会清政府总理衙门：对光绪帝最好不要有过激的处置。英国驻京公使窦纳乐也以极为严厉的致辞照会清政府总理衙门："假如光绪帝在这政局变化之际死去，将在西洋各国之间产生非常不利于中国的后果。"

随后，列强果真开始采取军事行动，以保护驻京使馆的名义，陆续派军队开往北京，向清政府施压。清政府急忙命令直隶总督裕禄调集清军在北京周围设防，严防外国军队进入北京。1898年（光绪二十四年）10月9日，英、法、俄等国军队开进了北京使馆。10月15日，总理衙门派庆亲王奕劻约见英国驻京公使窦纳乐，告诉他光绪帝的健康大为增进，且常和太后一同听政。

窦纳乐对奕劻所说的表示怀疑，要求派外国医生进宫给光绪帝看病，并签一份光绪帝《健康证明书》。此时列强大军压境，战争随时都有爆发的可能，奕劻只得答应说先向慈禧太后请示后再说。奕劻向慈禧太后进行请示，慈禧太后一开始不同意，但是一想到列强军队已经驻扎在北京城，便想通过英国的帮助让列强撤出在北京的军队，于是就同意了窦纳乐的请求。

10月18日，经窦纳乐联系，法国驻京使馆医生多德福带着一名翻译来到瀛台涵元殿为光绪帝诊病，慈禧太后派庆亲王奕劻、端郡王载漪和一班军机大臣全程监视。多德福根据光绪帝的自述以及他的临床诊断记录，得出光绪帝的病情为面色苍白、体虚、消瘦、疲倦、头晕、头痛、气喘、腹泻、腰痛、遗精等，心肺听诊未见异常，视力和听力有所下降。最后，多德福给出了诊断结论：光绪帝"病势无大碍，惟患血虚之症"。

光绪帝的病情放在今天看，大概就是肾炎、慢性肾炎。根据光绪帝的病情，多德福给出了治疗方案：每天喝人奶或牛奶数升，连续喝数月，添加些许乳糖。他主张光绪帝"先设法治腰，然后止遗精益易也"，如"腰痛，干擦可安痛楚"，同时用西洋吸气罐（即拔火罐）来辅助治病。

多德福给光绪帝看病的时候，慈禧太后也在颐和园中密切关注着，太监们来来回回地向她禀报多德福的诊断情况，慈禧太后听后，只是铁青着脸说了一句话："你们小心着，别让洋人给皇上看出别的病来！"

当听到法多德福最后的诊断结论时，慈禧太后感到失望了——她的废帝计划不能得逞了！

从多德福的诊断结果可以看出，光绪帝此时确实身患多种疾病，但都不是病入膏肓的不治之症。列强根据多德福给光绪帝看病的情况得出两个结论：一是光绪帝还健在；二是光绪帝虽然体虚多病，但患的不是绝症。这样，慈禧太后的谎言被揭穿了，列强也识破了慈禧太后计划废黜光绪帝的花招。随后，列强驻京外交公使均向清政府发出照会，明确指出光绪帝没有任何问题，他们不承认清政府非光绪帝发布的任何外交辞令。

10月22日，日本驻华公使矢野文雄结束休假返回北京。24日向总理衙门提出要求会见光绪帝，并代表日本天皇向光绪帝授勋。11月5日，慈禧太后被迫和光绪帝一道在西苑仪鸾殿接见了矢野文雄，光绪帝接受了矢野文雄赠送的勋章。这是自戊戌政变后光绪帝第一次露面接见外国公使。接见结束后，矢野文雄对外界说光绪帝精神状态良好，不像患病的样子。在此之后，由西班牙驻京公使领头，各国驻京公使又向清政府施加压力，要求将董福成率领的军队撤出河北，清政府被迫答应。

在中外的一致反对下，慈禧太后一时不敢轻举妄动，只得暂时打消了废黜光绪帝的念头。

第五节　己亥建储，天下反对

废帝计划受挫，慈禧太后碰了列强的"大钉子"，她认识到光绪帝依然在朝廷和民众中具有影响力，而且还是列强眼中的"香饽饽"，不论是直接废黜光绪帝，还是以光绪帝病危为由间接夺权，都将面临来自中外的极大阻力。慈禧太后不得不另做图谋，打算通过立储的方式来达到合法废黜光绪帝的目的。

慈禧太后的这一新想法,她的心腹荣禄自然知道,但是他不赞成慈禧太后这么做。之前慈禧太后意图废黜光绪帝已经在国内外掀起了一场轩然大波,差点引发了战争,现在要立储,不知道又要捅出多大的乱子来。但要劝说慈禧太后改变主意又谈何容易?荣禄为此内心极为焦虑。

1899年(光绪二十五年)冬,李鸿章东山再起,被清政府任命为两广总督。临上任前他向荣禄辞行,荣禄向李鸿章谈起了自己的忧虑之事,提及慈禧太后意欲废黜光绪帝重新立储的问题。

荣禄的话还未说完,李鸿章就正言厉色道:"这是何等大事?试问您有几颗头颅,敢参与此事?这种危险万分的事情,各国使臣会首先抗议,各省疆臣也会竭力声讨。这是无端而动天下之兵啊。"

荣禄听李鸿章这么一说,也感到此事非同小可。一场维新变法,掀起了民众思想的转变,现在的局面,已经超出慈禧太后的控制范围了。而此时,兵部尚书刚毅、端郡王载漪、吏部尚书崇绮、大学士徐桐、礼部尚书启秀等人各怀鬼胎,勾结在一起谋划拥立新皇帝,都想将宝押在新皇帝身上,好让自己将来富贵无比。

刚毅在朝廷中的地位仅次于荣禄,但与荣禄一向不睦,因此他希望通过拥立新皇帝来取代荣禄。载漪则希望让自己的儿子溥俊早日登上皇帝宝座。崇绮是同治帝的老丈人,一旦光绪帝被废黜,新皇帝继承了同治帝的帝位,就算是自己的外孙。徐桐和启秀则痛恨一切西方事物,盼望回到闭关锁国的时代。这几人联名上奏,请求慈禧太后废黜光绪帝、另立新君,声势颇大,轰动朝野。

上次欲废黜光绪帝时碰了个"钉子",慈禧太后长了个心眼,让刚毅等人先去征求荣禄的意见。崇绮、徐桐二人拿着奏折来到荣禄的住处,荣禄看过奏折后,直接将奏折丢进火盆中烧了。崇绮、徐桐吓了一跳,荣禄说自己担当罪责,要进宫向慈禧太后解释。

1899年12月31日（光绪二十五年十一月二十九日），在一次早朝结束后，朝堂上只剩下慈禧太后和荣禄两人，荣禄向慈禧太后提及皇帝废立之事。

荣禄装作若无其事地问："传闻将有废立事，信乎？"

慈禧太后听了一愣，故作镇静地说："无有也。"

或许是见周围没有其他人，慈禧太后马上又改口："事可行乎？"企图试探荣禄口气。

荣禄回答："太后行之，谁敢谓其不可者？顾上（光绪帝）罪不明，外国公使将起而干涉，此不可不慎也。"

慈禧太后急忙问道："事且露，奈何？"

荣禄压低声音道："无妨也，上春秋已盛，无皇子，不如择宗室近支子，建为大阿哥，为上嗣，兼祧穆宗（同治帝），育之宫中，徐篡大统，则此举为有名矣！"

慈禧太后沉思了一会，然后说道："汝言是也。"

荣禄建议慈禧太后从宗室近支的子孙中选择一人立为大阿哥，过继给光绪帝作为子嗣，继承同治帝的帝位，但是慈禧太后对光绪帝痛恨至极，执意要废黜光绪帝，并不完全同意荣禄的方案，她只愿意给自己的亲儿子同治帝立嗣。

雍正晚年，建立了永不建储、秘密立储的制度，这一制度也成为大清的祖宗家法之一，慈禧太后公开立大阿哥明显违反了这一祖宗家法。当初光绪帝登基时，慈禧太后曾发布懿旨向天下承诺，光绪帝若生有皇子，即继同治帝嗣。而现在慈禧太后要立一位大阿哥，直接继嗣同治帝，则是有违前旨。

慈禧太后口口声声以守护祖宗家法自居，不断地指责光绪帝违背祖宗家法，但是自己又置祖宗家法于不顾，言而无信，出尔反尔。

经过一番慎重考虑，慈禧太后选中了时年14岁的端郡王载漪次子溥俊为大阿哥。在慈禧太后看来，溥俊是大阿哥的最合适人选。

首先，从血统上看，溥俊有爱新觉罗家族血统。溥俊的玄祖父是嘉庆帝，曾祖父是嘉庆帝皇三子、道光帝的大弟惇亲王绵恺。绵恺唯一的一个儿子奕缵在1821年（道光元年）夭折，年仅4岁，而绵恺本人也在1838年（道光十八年）去世。1846年（道光二十六年），道光帝将皇五子奕誴过继给弟弟绵恺为嗣，袭封惇郡王，后加封为惇亲王。奕誴次子载漪于1860年（咸丰十年）奉旨过继给嘉庆帝皇四子瑞亲王绵忻之子奕志为嗣子，1894年（光绪二十年）晋封端郡王（本应称"瑞郡王"，因军机处人员在述旨时误写成"端郡王"，于是将错就错称"端郡王"）。

其次，从宗法上看，慈禧太后要为同治帝立嗣，只能越过咸丰帝，从同治帝的皇祖道光帝的支系中挑选，嗣子在"载"字辈的下一代"溥"字辈中寻找人选。在道光帝的九个儿子中，只有皇五子惇亲王奕誴、皇六子恭亲王奕䜣、皇七子醇亲王奕譞三人有儿子。慈禧太后选择大清宗室支系后代为同治帝立嗣，也要考虑支系在朝廷中是否有权势、有一定的利用价值。此时奕䜣已经病逝，慈禧太后也就不会选择他的后代。奕譞是光绪帝的生父，也已去世，慈禧太后自然也不愿意选择与光绪帝亲缘关系很近的支系"溥"字辈。所以，慈禧太后决定从惇亲王奕誴的后代"溥"字辈中去选择。

再次，载漪在戊戌政变中坚定站在慈禧太后一边，为慈禧太后出了不少力，让慈禧太后对他刮目相看。载漪自幼习武，有一定的军事才能，长期统领京城神机营、虎神营，载漪的兄弟贝勒载濂、辅国公载澜在朝中也都有一定的势力，这点也是慈禧太后所看重的。另外，载漪"少不读书""愚而不学"，没有什么文化，而且对慈禧太后也颇畏惧，易于控制，所以慈禧太后更愿意选择他的儿子溥俊。

最后，慈禧太后选择溥俊也是看中了他的年龄。溥俊时年14岁，尚未成年，这样慈禧太后又可以以训政之名，名正言顺地继续掌控朝政。

确定了大阿哥人选后，慈禧太后开始实施她的废立计划了。

1900年1月23日（光绪二十五年十二月二十三日）小年这天，光绪帝颁下一道"立嗣诏书"。

> 朕自冲龄入承大统，仰承皇太后垂帘听政，殷勤教诲，巨细无遗。迨亲政后，正际时艰，亟思振奋图志，敬报慈恩，即以仰副穆宗毅皇帝付托之重。乃自上年以来，气体违和，庶政殷繁，时虞丛脞。惟念宗社至重，前已吁恳皇太后训政。一年有余，朕躬总未康复，郊坛宗庙诸大祀不克亲行。值兹时事艰难，仰见深宫宵旰忧劳，不遑暇逸，抚躬循省，寝食难安。
>
> 敬溯祖宗缔造之艰难，深恐勿克负荷，且入继之初，曾奉皇太后懿旨，俟朕生有皇子，即承继穆宗毅皇帝为嗣，统系所关，至为重大，忧思及此，无地自容，诸病何能望愈。用再叩恳圣慈，就近于宗室中慎简贤良，为穆宗毅皇帝立嗣，以为将来大统之畀。再四恳求，始蒙俯允，以多罗端郡王载漪之子溥儁继承穆宗毅皇帝为子。钦承懿旨，欣幸莫名，谨敬仰遵慈训，封载漪之子溥儁为皇子，将此通谕知之。

不少学者认为这封诏书是慈禧太后强迫光绪帝所写，或者是先代写，再由光绪帝誊抄。从内容看，也与事实不太相符。慈禧太后一意孤行，自立皇储，为同治帝立嗣，却说成是光绪帝因"朕躬总未康复""诸病何能望愈"而"再四恳求"慈禧太后立嗣建储。

1月24日，慈禧太后在仪鸾殿召集近支王公贝勒、内务府大臣、御前大臣、各部院尚书、南上两书房翰林共30余人，拿出光绪帝的诏书，宣布立端郡王载漪之子溥儁为大阿哥，并预定庚子年元旦（1900年1月31日）举行让位礼，溥儁登基，改元"保庆"。

协办大学士孙家鼐表示反对,认为立储会引起南方叛乱,建议应当等光绪帝百年之后再立新君。慈禧太后极为震怒,拒不采纳孙家鼐的建议,孙家鼐无奈,以养病为由辞职。

接着,溥俊被接入宫中,在弘德殿读书,由崇绮担任溥俊的老师,翰林院侍讲宝丰、翰林院编修崇寿和陕安道高庆思陪侍溥俊读书,大学士徐桐、常川负责照料弘德殿相关事宜。这一年是农历己亥年,由慈禧太后一手策划的立储事件被称为"己亥建储"。

然而溥俊与光绪相比,实在不是块做皇帝的料。他自小就是八旗的纨绔子弟,不喜读书,专好音乐、骑马、拳棒,成天只知道提笼架鸟、吃喝玩乐。进宫后,虽有崇绮做他的老师,宝丰、崇寿、高庆思等人陪他读书,却也并无起色。

当立溥俊为大阿哥的谕旨公布后,举国震动,抗议的浪潮一浪高过一浪。湖北、上海等地的广大绅商、士子纷纷不满。湖北官员、绅士50多人亲赴北京请愿。上海电报局总办经元善联合蔡元培、黄炎培、章炳麟等1000余名士绅签名电告总理衙门,恳求光绪帝抱病亲政、勿存退位之念,并发表《布告各省公启》,呼吁各省阻止慈禧太后废除光绪帝、另立新君,还声称如朝廷不理,诸工商将会罢市抗议。慈禧太后得知消息,责成军机处缉拿经元善,盛宣怀与经元善有私交,立即电告经元善,经元善乘船逃往澳门。

慈禧太后的压制激起了人们更大的怒火,自经元善等人发出联名通电后,各地反对立储的信件、电报如雪片一样飞向总理衙门。海外华侨也纷纷电行告总理衙门,众口一词地反对立储,要求朝廷保护光绪帝。许多封疆大吏也不赞成慈禧太后立储,其中就包括刘坤一、张之洞、李鸿章等人,刘坤一甚至以辞职来表示自己反对立储。

与此同时,列强也出面干预,各国军舰先后自上海向北方海面开进,各国驻京公使也拒绝进宫朝贺。在中外的一片反对声中,慈禧太后焦头烂额、进退失据，被迫暂停废帝立储活动，继续利用光绪帝的名义发布谕旨，号令天下。

经此一番，慈禧太后对列强的仇恨加深了。不久，慈禧太后就利用义和团报复列强，进而向列强全面开战，中国北方硝烟弥漫，再一次陷入冲天战火之中。

第八章 庚子国难，被挟『西狩』寓西安

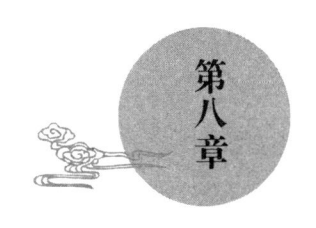

1900年，农历庚子年，义和团兴起，以"扶清灭洋"为口号，烧教堂、杀洋人。英、美、法、俄、德、日、意、奥八国趁机组成侵略联军，入侵大清。慈禧太后为泄私愤，向列强宣战。最终，侵略军攻破北京，慈禧太后挟持光绪帝仓皇逃离北京，以"西狩"为名，一路逃至西安。

第一节 八国侵华，慈禧宣战

1900年（光绪二十六年），世纪之交，这一年对于中国来说，是极不平静、灾难深重的一年。60年前的1840年，农历庚子年，英国发动了第一次鸦片战争，中国开始丧失独立自主的地位。60年后的1900年，又是一个农历庚子年，中华民族将再次面临一场浩劫。

就在慈禧太后处心积虑要废黜光绪帝、另立新帝的时候，义和团运

动的烈火在山东境内燃起,并向京津一带蔓延,渐成燎原之势。

中日甲午战争后,帝国主义列强从各个方面加紧侵略中国,掀起了瓜分中国的热潮,在中国强占"租借地"和划分"势力范围"、向中国大量输出资本、通过教会深入城市和乡村进行侵略活动,他们不仅欺压中国百姓,还享有各种特权。广大人民不堪洋人压迫,奋起反抗,义和团运动就此爆发。

义和团是一种很松散的民间组织,由大刀会(金钟罩)、义和拳、神拳、梅花拳等武术团体和秘密教会混合组成,没有统一的领导,首领一般称团首、师兄,成员多为20岁左右的青年。义和团对外宣称"神灵附体""刀枪不入",以"反清复明"为口号,反对清朝统治,反对外国侵略,打击教会势力。

义和团在山东境内兴起后,由于山东巡抚毓贤也极为仇视外国侵略者,痛恨教会势力,所以默许了义和团设场坛招徒、攻击教堂、打击教士,山东义和团的声势愈加浩大。义和团在山东进行的反教会斗争引起了帝国主义列强的恐慌,列强纷纷向清政府施加压力,要求撤换毓贤。迫于列强的压力,清政府于1899年(光绪二十五年)12月将毓贤革职,任命袁世凯署理山东巡抚。袁世凯到任后,疯狂镇压义和团,使义和团遭受重大损失,被迫转入地下开展斗争,部分义和团转移到直隶地区继续斗争。1900年初,从山东进入直隶的义和团与当地义和团会合,向北京、天津挺进,沿途拆毁铁路、电线、电线杆等设施,口号亦由"反清复明"改成"扶清灭洋"。

对于如何处置义和团运动,清政府的王公大臣意见很不统一,有的主张严厉镇压,有的主张利用义和团对付外国侵略者。一直以来,慈禧太后对列强瓜分大清的行径只能逆来顺受,近期又因列强反对她废黜光绪帝、另立新帝而怀恨在心,于是决定借助义和团的力量对抗列强,暂时承认义和团的合法地位,令清军停止围剿。于是本来主张剿灭义和团的直隶总督裕禄转变态度，扶助义和团，除了向义和团团民发放饷银外，还邀请义和团首领到天津开坛聚众。

1900年6月5日（光绪二十六年五月初九），慈禧太后派刑部尚书赵舒翘、顺天府尹何乃莹前往涿州察看义和团动态，次日又派刚毅前往保定察看义和团是否可用。经过现场考察，赵舒翘认为义和团不能委以重用；刚毅则认为"拳民忠贞，神术可用"。赵舒翘与刚毅有私交，赵舒翘的升迁也得益于刚毅的举荐，因此在回京向慈禧太后汇报考察情况时，赵舒翘附和刚毅说义和团忠贞可用，这增强了慈禧太后利用义和团向列强开战的决心。

与此同时，列强大量陈兵大沽口外，增兵天津，并以保护驻京使团为名，陆续派兵进驻使馆。6月6日前后，英、美、法、德、俄、日、意、奥八国相继批准了联合征华计划。6月9日，英、俄等国公使得到情报：清政府非但不能保证驻京使馆的安全，而且将派军队进攻使馆。在英国公使窦纳乐的紧急请求下，当晚，八国在津部队指挥官召开联席会议，决定组成以英国海军司令西摩尔为首的联军，准备进驻北京，保护各国使馆。

6月10日，端郡王载漪出任总理衙门大臣。载漪在端王府中设坛立团，还召集义和团首领赴端王府议事，于是义和团团民大举入京，人数达10余万之多。史载："两宫诸邸左右，半系拳会中人，满汉各营卒中，亦皆大半，都中数万，来去如蝗，万难收拾。"李连英也召义和团入宫，列八卦阵，"太后拜受灵符"。从这天起，北京外国使馆对外通信断绝。

6月11日，日本使馆书记官杉山彬因接应外国军队被董福祥的甘军士兵所杀。西摩尔立即率领八国联军2000多人强占铁路，由天津驶往北京，由此拉开了八国联军侵华战争的序幕。义和团破坏了铁路，与清军董福祥、聂士成部联合作战，将八国联军阻挡于天津城外的杨村、廊坊一带。

6月13日，义和团在北京城内四处放火焚烧教堂，当天，崇文门内的一处教堂，椿树胡同、勾栏胡同的两处教堂，东堂子胡同的一家医院，米市大街上的店铺，四牌楼六条胡同内的外国人住房等多处被义和团焚烧。外国军队也开始在北京城内枪杀义和团。

6月14日，清政府照会各国外交使团，阻止外国军队进入北京。各国驻天津领事答复清政府，要求清政府必须力剿拳匪，保护各国公使馆眷属出京，各国已在北京有上千人的兵力，如清政府能做到上述两点，兵力可不再加。

6月15日，义和团焚烧了西绒线胡同教堂、西交民巷住宅，并围攻西什库教堂。

对义和团是剿是抚？对列强是战是和？直到这个时候，清政府内部意见依然不一，还在争论不休。军机大臣荣禄、总理衙门大臣袁昶等人主张围剿义和团，与列强讲和；端郡王载漪、庄郡王载勋、军机大臣刚毅、刑部尚书赵舒翘等人则竭力主张招抚义和团，与列强开战。特别是载漪，他因仇恨列强阻挠自己的儿子溥俊被立为皇储，更是力主依靠义和团向列强开战，企图趁机促成慈禧太后完成"废帝立储"计划，让自己的儿子快速登上皇帝宝座。

但是慈禧太后仍然犹豫不决，下不了对列强开战的决心。为此，从6月16日至6月19日，慈禧太后在仪鸾殿接连召开了四次御前会议。为了在以后有可能出现意料之外的事情时方便推卸责任、嫁祸于人，慈禧太后又将光绪帝从瀛台拉到仪鸾殿参加会议，逼他共同表态。

6月16日，第一次御前会议召开。会议开始，光绪帝责问诸位大臣为什么不解散义和团以控制局势。被囚禁已久的光绪帝以冷静的态度分析了形势，认为列强的力量十倍于日本，断无同时与各国开衅的道理。在这次御前会议上，慈禧太后没有公开作出决定，会议没有形成统一的意见。

会后，载漪唆使军机章京连文冲伪造了一份"列强外交照会"，并连夜派荣禄的亲信、苏松粮道督理罗嘉杰将"照会"送给荣禄，荣禄立即将"照会"送到慈禧太后手中。"照会"内容主要有四点：第一，指明一地，令中国皇帝居住；第二，代收各省钱粮；第三，代掌天下兵权；第四，勒令皇太后归政。慈禧太后看到"照会"勃然大怒，大发雷霆："彼族竟敢干预我家事，此能忍，孰不能忍！"

同一天，义和团还焚烧前门外大栅栏老德记西药房，大火熊熊燃烧，城内一片混乱，4000余处民宅和大批商铺化为灰烬。

6月17日，第二次御前会议召开。慈禧太后泣不成声地念了一遍"列强外交照会"（但没念第四条），念完后哽咽着说："今日衅开自彼，国亡在目前，若竟拱手让之，我死无面目见列圣。等亡也，一战而亡，不犹愈乎！"

仇洋派的载漪、崇绮等20余名皇亲国戚也跟着大哭大喊，声泪俱下，要求立即对列强开战，他们还指责荣禄惧怕列强，荣禄无奈，也跟着痛哭，说愿意以死为国效劳。慈禧太后停止哭泣，顺水推舟道："今日之事，诸大臣均闻之矣。我为江山社稷，不得已而宣战。顾事未可知，有如战之后，江山社稷仍不保，诸公今日皆在此，当知我苦心，勿归咎予一人，谓皇太后断送祖宗三百年天下。"

此时光绪帝还是比较清醒的，他认为"中国积衰，兵又不足恃"，以义和团的血肉之躯与洋人的枪炮相搏简直是将国运视作儿戏，指出"为今之计，惟有停战议和为上策，其次则迁都"。内阁学士联元、兵部尚书徐用仪和升为户部尚书的立山也支持光绪帝，不主张对列强开战。载漪怒气冲冲地训斥立山，骂立山是内奸，立山也反唇相讥，指责载漪飞扬跋扈。双方争执不下，第二次御前会议也没有取得什么结果。就在同一天，八国联军在付出惨重的伤亡代价后，攻占天津大沽炮台。

6月18日，第三次御前会议召开。主战、主和双方各执一词，相持不下，会议又草草收场。这天，义和团和董福祥所部甘军猛攻廊坊的八国联军，给侵略者以沉重打击，取得廊坊大捷，西摩尔率败军逃回天津租界。

6月19日，第四次御前会议召开。或许是受到了清军和义和团打败八国联军胜利消息的鼓舞，会议一开始，载漪提出要围攻列强驻京使馆，慈禧太后当即赞同。内阁学士联元提出反对意见，慈禧太后大怒，要将联元斩首，庄亲王载勋出面求情，慈禧太后才饶了联元。

荣禄、王文韶二人也不同意对外宣战，主张保护外国使馆，均受到慈禧太后的严厉训斥。慈禧太后征求光绪帝的意见，光绪帝沉默颇久，才说"使馆不可攻，洋人亦应送津"，又说"惟是否有当，出于太后圣裁，非朕所敢作主者也"。慈禧太后一意孤行要对列强开战，光绪帝知道劝说无望，也只能将话说到这一步了。

随即，慈禧太后命许景澄前去照会各国驻京公使，限令他们于一日内离京。许景澄叩头领命，动身前往各国使馆。

这时光绪帝从御座上起身，走上前去拉住许景澄的手，心情沉重地说："兵端一开，朕一身不足惜，只是苦了天下苍生！"他希望许景澄设法从中调解，不要开启战争。

这时慈禧太后厉声强令光绪帝："放手，不要误国家大事。"慈禧太后已经铁了心要与列强开战了。

6月20日，清军开始进攻各国驻京使馆。德国驻华公使克林德带着翻译柯达士乘轿从东交民巷使馆前往总理衙门交涉，途中与端郡王载漪的部属恩海率领的一队清军相遇。克林德开枪射击，恩海自卫反击，枪杀克林德，击伤柯达士。克林德被杀事件使中外关系火上浇油，八国联军加紧了对中国的进攻。

6月21日，慈禧太后以光绪帝的名义发布宣战诏书，向英国、美国、法国、德国、意大利、日本、俄国、奥匈帝国、比利时、荷兰、西班牙十一国宣战。在诏书中，慈禧太后历数了西方列强的诸多罪行，最后义愤填膺地宣布:"与其苟且图存,贻羞万古,孰若大张挞伐,一决雌雄!"同时,慈禧太后以电报的方式诏令南方各省督抚、封疆大吏,广招义和团,对抗列强。

第二节 战局急转,联军破城

宣战诏书发布后,慈禧太后命庄亲王载勋、吏部尚书刚毅、刑部尚书赵舒翘等人统领义和团与洋人作战,赏给义和团和董福祥军队白银、粮食,随即又命义和团、董福祥所部甘军及荣禄所部武卫中军进攻东交民巷的外国使馆。

一时间,东交民巷一带子弹横飞,杀声震天。使馆中,洋兵仅400人,凭借使馆的围墙进行抵抗。义和团和清军一连攻了十几天,外国使馆仍然安然无恙,随后又把武卫军的炮队调来助攻,大炮架设在城墙上,距使馆咫尺之遥,只要大炮一发射,外国使馆将被夷为平地。但是荣禄害怕轰平外国使馆将会引来联军的疯狂报复,自己也会被列强列为战争祸首,于是暗令炮队统领张怀芝让炮队向使馆后的空地上射击。结果,清军一连"轰击"了50多天,外国使馆却分毫未损。

大敌当前,载漪却打起了自己的小算盘,试图浑水摸鱼,加害光绪帝,好让自己的儿子溥俊尽快登基。为此载漪在宫中大肆散布义和团要杀"一龙、二虎、三百羊"("一龙"指光绪帝,"二虎"指李鸿章、奕劻,"三百羊"指所有在京的外国教徒)的谣言,溥俊也在宫中公然辱骂光绪帝为"二毛子",有一次竟然拳击光绪帝,把光绪帝打倒在地。

6月25日,载漪伙同载勋、载濂和多名义和团团民闯入光绪帝临时居住的宁寿宫,在门前大声喧嚷,声称要寻找并杀死"二毛子",准备对光绪帝下毒手。慈禧太后闻声赶来,及时制止了载漪等人的行为,将载漪等人严厉训斥一顿后赶出宫去。光绪帝目睹了这场闹剧，吓得战栗不已，受惊不小。

与此同时，京津前线义和团和广大爱国官兵也在浴血苦战，顽强地抗击八国联军的进攻。八国联军自6月17日攻占大沽炮台后，调动援军2800人闯入天津海河西岸紫竹林租界，义和团首领张德成亲率5000名团民火速赶到，与董福祥、聂士成所部清军共同反击联军。张德成率义和团及清军一部围攻紫竹林，以"火牛阵"踏平雷区，冲入租界。董福祥率义和团一部进攻老龙头火车站，毙伤俄军112人，数度占领车站。聂士成部在天津小西门击退了联军，乘胜进军跑马场、八里台。7月9日，在八里台一战中，聂士成身中7弹，腹破肠流仍坚持战斗，直至血竭而亡。

7月14日，联军付出伤亡900余人（一说882人）的代价，攻陷天津。

就在北方清军、义和团与八国联军浴血战斗的同时，在铁路大臣盛宣怀的串联下，两江总督刘坤一、湖广总督张之洞、两广总督李鸿章、山东巡抚袁世凯、闽浙总督许应骙等东南地区的总督、巡抚，他们均反对与列强全面开战，出于自身利益的考虑，与参战各国达成和平相处的"东南互保"协议，约定互不进攻，两不相扰。

天津陷落后，清政府任命巡阅长江水师大臣李秉衡节制各路清军，阻止八国联军沿北运河北上进攻北京。清军在北仓、杨村等地设防，防守北仓的清军主要是从天津撤退的马玉崑部1万余人，防守杨村的是宋庆率领的清军5000人。

天津失陷后，北京城的局势日趋紧张，慈禧太后迁怒于主和派，对主和派官员大开杀戒。7月27日，慈禧太后以"勾结洋人，莠言乱政，语多离间"等罪名，将吏部左侍郎许景澄、太常寺卿袁昶逮捕下狱，于次日将二人处死。

8月4日，联军约1.6万人分成两个纵队，由天津沿北河两岸进犯北京：日本、英国和美国军队沿北河右岸；俄国、法国、德国和意大利军队沿北河左岸进军北京。

8月5日，联军从侧翼进攻北仓，义和团和清军遭受腹背夹击，北仓失守。

8月6日，联军从东、西、南三路进攻杨村，宋庆率部稍事抵抗便溃散，杨村失守。兵败退至杨村的直隶总督裕禄引咎自尽。

杨村失守、裕禄自杀后的第二天，慈禧太后慌忙向列强"忏悔"，命总署章京文瑞带着西瓜、粮食到各国使馆去"慰问"，同时重新任命李鸿章为直隶总督兼北洋大臣，连续电催其从广州北上，准备向列强乞求议和。然而列强并不买慈禧太后的账，各路联军继续向北京进犯。

8月8日，李秉衡率领清军和义和团民抵达河西务御敌。8月9日，联军进犯河西务，李秉衡督军阻击，但清军军心涣散，不战自逃，河西务失守。8月10日，李秉衡退往通州张家湾。8月11日，联军突破张家湾防线，主帅李秉衡自杀，北京沦陷在即。慈禧太后令逮捕兵部尚书徐用仪、内阁学士联元，与先期入狱的户部尚书立山（因"藏匿外人"，被革职下狱）一并处死。徐用仪、联元、立山与先期被处死的许景澄、袁昶，一起被称为"庚子被祸五大臣"。

8月12日，联军占领通州，直抵北京城下。听说联军打到北京了，慈禧太后顿时惊慌失措，急忙派王文韶、赵舒翘去外国使馆乞和，但王文韶以年老耳聋推辞，赵舒翘也以自己不擅辞令为借口推辞。慈禧太后又准备召开御前会议，但王公大臣、六部九卿都忙着整理行囊，准备逃之夭夭了。慈禧太后好不容易找来载漪及几位军机大臣，让他们商讨拿出应对危局方案，但是他们个个惊恐万状，也都束手无策，载漪竟然主张挂起白旗投降。专横而不可一世的慈禧太后，此时终于走投无路，成为孤家寡人了。

8月13日，慈禧太后再次给南方各省发出急电，要求他们火速北上勤王救驾。经过一昼夜的紧急军事调动，董福祥的甘军、荣禄的武卫中军、神机营、虎神营、八旗绿营、八旗前锋和护军共七八万人，被布置在北京城的各个角落，另有义和团协助清军作战。

8月13日晚，俄军首先向东便门（位于东城区，是旧北京外城东北角城门）进攻，遭到清军和义和团的英勇抵抗，在付出伤亡120余人、参谋长被击伤的重大代价下，于8月14日下午2点占领东便门。到14日晚上9点左右，俄、英、日、法、美陆续攻入北京城内，英军前进到东交民巷一带，外国使馆随之解围。清军大部溃逃，但仍有部分清军和义和团坚守不退，同八国联军展开了激烈的巷战。

第三节 深宫惨剧，珍妃遇害

在联军向北京城发起全面进攻时，慈禧太后也顾不上什么尊严、祖宗脸面了，决定逃离北京。光绪帝请求慈禧太后让他留在北京，他要亲往东交民巷同各国使臣面谈，与列强达成和议。狡诈的慈禧太后立即意识到光绪帝一旦留下，不仅"废帝立储"计划无法实现，而且列强还会扶持光绪帝设立新朝廷，自己将彻底成为一个罪人，所以慈禧太后决意将光绪帝一并带走，不给光绪帝任何自由和独立生存、再登皇位的机会。

随后，慈禧太后与荣禄等人商定出逃人员名单，安排出逃事宜。但是有一个人，慈禧太后是决计不会让她随自己一起出逃的，这个人就是让慈禧太后恨之入骨，一心要置之于死地的珍妃。

8月14日午后，慈禧太后在乐寿堂小睡一会儿后，独自一人悄悄走出了乐寿堂，命人神不知鬼不觉地做了一件伤天害理的事——赐死珍妃。

关于珍妃殉难的情况，据慈禧太后身边的贴身宫女何荣儿后来回忆道：

第八章 / 庚子国难，被挟"西狩"寓西安

"我记得，头一天，那是七月二十日的下午，睡午觉的时候——我相信记得很清楚。老太后在屋子里睡午觉，宫里静悄悄的，像往常一样，没有任何出逃的迹象。这天正巧是我当差……我和往常一样，陪侍在寝宫里……老太后头朝西睡，我离老太后的龙床也就只有二尺远……突然，老太后坐起来了，撩开帐子。平常撩帐子的事是侍女干的，今天很意外，吓了我一跳。我赶紧拍暗号，招呼其他的人。老太后匆匆洗完脸，烟也没吸，一杯奉上的冰镇菠萝也没吃，一声没吩咐，径自走出了乐寿堂（这是宫里的乐寿堂，在外东路，是老太后当时居住的地方，不是颐和园的乐寿堂），就往北走。我匆忙地跟着。我心里有点发毛，急忙暗地里去通知小娟子。小娟子也跑来了，我们跟随太后走到西廊子中间，老太后说：'你们不用伺候。'这是老太后午睡醒来的第一句话。我们眼看着老太后自个儿往北走，快下台阶的时候，见有个太监请跪安，和老太后说话。这个太监也没陪着老太后走，他背向着我们，瞧着老太后单身进了颐和轩。

"农历七月的天气，午后闷热闷热的，有半个多时辰（1个多小时），老太后由颐和轩出来了，铁青着脸皮，一句话也不说。我们是在廊子上迎老太后回来的。

"其实，就在这一天，这个时候，这个地点，老太后赐死了珍妃，她让人把珍妃推到颐和轩后边井里去了。我们当时并不知道，晚上便有人偷偷地传说。后来虽然知道了，我们更不敢多说一句话。"

岁月流逝，朝代更易，转眼间到了民国初年。这年正月的一天，曾任宫中太监二总管、慈禧太后贴身太监的崔玉贵到何荣儿家串门，闲谈间两人提起珍妃殉难这段往事，崔玉贵愤愤不平，说慈禧太后对他亏心，耍鬼花样，就把当时珍妃殉难的详细过程对何荣儿说了一遍。情况大致如下。

8月14日中午，慈禧太后吩咐崔玉贵去向珍妃传旨，告诉珍妃自己

在未正时刻（下午2点）召见她，让她在颐和轩候驾。

崔玉贵感到为难，按照宫里的规矩，单独一人是不能领妃子出宫的。崔玉贵觉得应该再找一个人陪着，免得出错，便去找乐寿堂的管事太监陈全福商量，陈全福建议崔玉贵约上颐和轩的管事宫女王德环一块儿去传珍妃。

崔玉贵和王德环来到景祺阁北三所珍妃住的屋前，让守门的老太监告诉珍妃让她接旨。

在几年的非人生活中，珍妃已经被折磨得不成人形，面容憔悴，蓬头垢面。珍妃是个爱美的女子，不愿蓬头垢面接旨，在梳理好自己的头发，整理好自己的衣裳后才走出屋子接旨。

从北三所到颐和轩要走一小段甬路。珍妃走在甬路中间，崔玉贵在前边引路，王德环在后边伺候。清宫规定，太监伺候妃子走路时不允许走甬路中间，崔玉贵和王德环便一前一后地在甬路旁边走着。珍妃默默地走在甬路中间，始终不发一言，或许她内心也很清楚，等待她的不会是什么好事情。

珍妃到了颐和轩，慈禧太后已经端坐在那里了。崔玉贵走上前跪下，向慈禧太后请安并复旨，说"珍小主奉旨到"。颐和轩里静悄悄、空落落的，一个侍女也没有，只有慈禧太后独自一人坐在那里，面无表情，崔玉贵觉得很奇怪。

珍妃上前叩头，向慈禧太后道过"老佛爷吉祥"后就一直跪在地上，低头听训。这时颐和轩里一片死寂，静得连掉地上一根针都能听得清楚。

沉默了一会儿，慈禧太后直截了当地对珍妃说："洋人要打进城里来了。外头乱糟糟的，谁也保不定怎么样，万一受到了侮辱，那就丢尽了皇家的脸，也对不起列祖列宗，你应当明白。"

慈禧太后扬着下巴，却瞧也不瞧珍妃，语气很坚决。

珍妃愣了愣，争辩道："我明白，不曾给祖宗丢人。"

第八章 / 庚子国难，被挟"西狩"寓西安

慈禧太后说："你年轻，容易惹事！我们要避一避，带你走不方便。"

珍妃说："您可以避一避，可以留皇上坐镇京师，维持大局。"可怜善良单纯的珍妃，这时仍然惦记着光绪帝，仍不忘为国家分忧，而且还为慈禧太后的安全着想，建议她离京避难。

哪知她这几句话正戳中了慈禧太后的心窝子，慈禧太后立即把脸一沉，凶相毕露，厉声呵斥道："你死到临头，还敢胡说。"

珍妃不卑不亢道："我没有应死的罪！"

慈禧太后威逼道："不管你有罪没罪，也得死！"

珍妃反驳说："我要见皇上一面。皇上没让我死！"

慈禧太后声嘶力竭地喊道："皇上也救不了你。把她扔到井里头去。来人哪！"

随后，崔玉贵和王德环一起走上前来，连推带拽地把珍妃推到顺贞门内的一口井边。珍妃自始至终嚷着要见皇上，最后大声喊道："皇上，来世再报恩啦！"

井口窄小，崔玉贵和王德环费了好大劲儿才将珍妃推到井下，慈禧太后担心珍妃死不透，特意又让崔玉贵往井里扔了两块大石头，看到珍妃彻底咽气了，慈禧太后才安心地带着光绪帝踏上了西逃之路。珍妃遇害时，光绪帝尚在养心殿中，并不知情。

以上何荣儿的自述以及崔玉贵向何荣儿讲述的珍妃殉难过程，都记载在《宫女谈往录》一书中。何荣儿是满族旗人，进宫后在储秀宫伺候慈禧太后，负责给慈禧太后敬烟。何荣儿聪明心细，随侍慈禧太后达8年之久，1900年（光绪二十六年）随慈禧太后出逃到西安，次年何荣儿随慈禧太后回到宫中，因年龄过大离开宫中，离宫后家财散尽，生活非常艰辛。20世纪40年代初，何荣儿住在北京景山东街中老胡同的一所院子中，与当时还是北大学子的金易（王锡蕃）、沈义羚夫妇结识。金易与何荣儿同住一院期间，每晚都会来到何荣儿的家中请她讲些清宫的

琐事。20 世纪 80 年代后期，已经半身不遂的金易在妻子沈义羚的协助下，根据自己对何荣儿的采访记录撰写成《宫女谈往录》一书，至此珍妃死亡的真相得以披露。

关于珍妃的死因，还存在着诸多的说法，不一而足，但是共同点是慈禧太后对珍妃是厌恶的，她害死珍妃的可能性是非常大的。可怜的珍妃，在受尽折磨后，仍未能逃脱慈禧太后的魔爪，直到死前也没能和光绪帝见上最后一面，带着对光绪帝的一片痴情魂归天国，香消玉殒，生命永远定格在 24 岁。

珍妃遇害之事，光绪帝从始至终都被蒙在鼓里。可怜的光绪帝，此时仍在惦记着珍妃，期盼着慈禧太后能够开恩，释放珍妃，与自己一道出京，而这只不过是他的一厢情愿罢了。

第四节　两宫出逃，西巡狩猎

1900 年 8 月 15 日（光绪二十六年七月二十一日）凌晨，八国联军开始攻打紫禁城的东华门，一颗炮弹落在乐寿堂西偏殿的房顶上，负责在宫中值班的载澜慌慌张张地跑进乐寿堂，向慈禧太后报告说联军很快就要打进内城。这时，外面枪声大作，炮声隆隆，慈禧太后惊恐万状，感觉走投无路，急得要跳水自杀，被载澜拦住。

稍稍定了定神，慈禧太后赶忙命人告诉光绪帝、隆裕皇后、大阿哥溥俊等人迅速到乐寿堂集合，换上便装出逃。在李连英的帮助下，慈禧太后手忙脚乱地换上了汉族妇女的服装，上身穿半新的深蓝色大襟夏布褂，下身穿浅蓝色旧裤子，腿上打着绑带，脚蹬黑布蒙帮鞋，头发在后脑勺挽成一个大疙瘩，头上扎着粗布头巾。接着，慈禧太后又命宫女何荣儿将她左手无名指、小指上精心养成的足有两寸来长的指甲剪去，准备离宫出逃。光绪帝也换了服装，上身穿深蓝色无领长衫，下身穿黑色裤，头戴一顶圆形小草帽，手提一只水烟袋，活像个做生意的小伙计。与此同时，其他人也换好了服装。

在李连英的搀扶下，慈禧太后急急忙忙向停在宫外的马车跑去，紧随其后的是光绪帝、隆裕皇后、瑾妃、三格格、四格格（与三格格同为庆亲王奕劻之女）、元大奶奶（内务府大臣庆善之女，时年十八九岁）、大阿哥溥俊、崔玉贵、何荣儿、小娟子等人。一行十几人分头坐上马车，冲出宫外。

慈禧太后和光绪帝一行人来到街上，正好碰上了逃难的难民，好不容易才从难民中开辟出一条通道，出德胜门沿景山西街向颐和园而去。到了颐和园，慈禧太后在仁寿殿里召见了守园内务府大臣恩铭，恩铭送上了饮水、膳食，众人总算得以暂时喘息一下。端郡王载漪等几位王公大臣前来向慈禧太后行礼，慈禧太后一见载漪等人，气不打一处来，厉声骂道："国难至此，都是你们这帮人闹的！"

载漪等人吓得面如土色，跪在地上一个劲儿地磕头。这时，庄亲王载勋、蒙古亲王那彦图、辅国公载涛、载泽、侍郎溥兴、刚毅、赵舒翘等人陆续赶来。

随即，慈禧太后简单地布置了一下出逃事宜，让李连英、崔玉贵在前面探路，自己和光绪帝、隆裕皇后、大阿哥等人紧随其后，跟在最后面的是王公大臣。同时，把原本守卫颐和园的一点兵力也带走，由这些人断后，保证车队的安全。布置完毕，慈禧太后一行人立即离开颐和园一路向北逃去，碰巧遇上了马玉昆率领的一队武卫军。在马玉昆部队的护卫下，慈禧太后一行人浩浩荡荡地启程了，队伍总人数达到2000余人。出逃过程中，为了维护自己的尊严，慈禧太后对外一直打着"西狩"（西巡狩猎）的旗号。

而这时，北京城已经完全陷落。联军在北京城内疯狂地烧杀抢掠，北京城顿时成为一座人间地狱，满街血腥，死伤枕藉，房屋被烧毁无数。联军还在城中大肆抢劫，皇宫、颐和园所藏大量珍贵的历史文物、珠宝金银被抢劫一空，翰林院所藏《永乐大典》几乎全部散失。

经过这次洗劫，中国"自元、明以来之积蓄，上自典章文物，下至国宝奇珍，扫地遂尽"。

从颐和园出来后，慈禧太后与光绪帝一行人一路往北逃亡，经阳坊镇西贯市村（位于今北京市昌平区境内）折向西行，途中得到怀来县县令吴永和赶来护驾的甘肃布政使岑春煊等一干官员的陪护和照顾，往西进入山西，到达太原。逃跑途中，卫队兵士到处劫掠，史载："道遇车马，即摔其人于路旁，牵其车马以去。虽京外官吏，亦鲜有幸免者。以此凡沿官道各村庄，居人皆逃徙一空，兵卒搜刮财物，鸡犬不留。"10月26日，慈禧太后和光绪帝一行人历经千辛万苦，抵达陕西省城西安，漫长的"西狩"旅程终于告一段落。西逃途中，慈禧太后发布懿谕，任命李鸿章和庆亲王奕劻为议和全权代表，负责与列强议和。

慈禧太后离京出逃时，光绪帝的后妃中只有隆裕皇后、瑾妃跟随，光绪帝没有见到珍妃，内心极为失落，担心珍妃一个弱女子留在北京会凶多吉少。西狩途中，光绪帝一直惦记着珍妃，在内心暗自为她祈祷，祝愿她能够平安躲过这场战争浩劫，将来与自己破镜重圆。他哪里知道，珍妃已被狠心的慈禧太后杀害。在随慈禧太后出逃到西安的途中，光绪帝心情郁闷，情绪极为低落，很少说话。据何荣儿回忆，"那时的光绪皇帝已经精神萎靡，许多时间都用来发呆了"。

途中，慈禧太后召见大臣时，就让光绪帝陪坐在一旁，而光绪帝也从来不主动说一句话。有时慈禧太后觉得场面有些难堪，就提醒光绪帝："皇帝，你可问话。"

于是光绪帝就如背台词一般地问大臣："外间安静否？年岁丰熟否？"

第八章 / 庚子国难，被挟"西狩"寓西安

声音细小，几乎听不到。反反复复，光绪帝仅此两句，即使一天数次召见大臣也是如此，而且从来不谈国家大事。一代皇帝，已经如同行尸走肉。

在西逃路上，慈禧太后、光绪帝、随行的大臣和扈从们无一不心情郁闷，少言寡语，而大阿哥溥俊却像没事人一样，在轿子中一会儿拉二胡、一会儿吹唢呐、一会儿又唱戏，自娱自乐，好不快乐。众人好不容易逃到山西境内，溥俊就四处寻找兔子、狗，还命令当地知县供奉蝈蝈等昆虫让他玩耍。这时联军仍在四处进攻，一部攻陷张家口，一部杀入山西境内，情形十分危急，而溥俊却置若罔闻，仍有心情玩乐。知县实在看不过去，愤愤地说："竟有如此没心没肺的主子！看来大清气数已尽。"

慈禧太后一行人进入西安的当天，正逢天下大雨，陕西巡抚端方强令数万百姓和官吏跪在雨中接驾。当时正在西安府中学堂读书的于右任，和老师们一起也被强迫跪迎，人们冒着大雨，在地上跪了一个多小时，身上湿透，苦不堪言。

为了讨好慈禧太后，端方大兴土木，费尽周折地为慈禧太后修建临时行宫。在慈禧太后快要进入西安前，端方打算将自己的巡抚衙门作为慈禧太后的行宫，派人加紧整修，甚至还占用了西安府中学堂，迫使学校停办。但是北院还未整修好，慈禧太后就抵达了，端方只好将原陕甘总督衙门作为慈禧太后的临时行宫，将门柱刷上红油漆，在牌坊上雕龙画凤，连铺地的砖也雕上了花鸟虫鱼。可是慈禧太后嫌陕甘总督衙门太小，还是住到了端方的巡抚衙门。端方折腾了近一个月，白白花去了数十万两白银。

住进临时行宫后，慈禧太后又恢复了昔日的威风，开始摆起皇太后的架子，重新过起了奢侈糜烂的生活。

慈禧太后要求行宫的摆设要与北京宫中的相似，摆设的器物都是乾隆帝时留下来的；出行时要乘八抬大轿，所用的仪仗是当年乾隆帝用过

的仪仗，还要有二十四面黄灿灿的龙旗；御膳房设置饭局、菜局、粥局、荤局、素局、茶局、酪局、点心局等十多个局，每个局的厨师及打杂人员有十几人；每天要烧好几百种菜，餐前由太监呈上菜单，由慈禧太后从一百余种名菜中点菜，鸡鸭鱼肉是必不可少的，而且还要有从南方进贡的燕窝鱼翅。

慈禧太后爱喝牛奶，但此时西安尚无奶牛，端方只得先弄来一些黄牛奶解燃眉之急，随后又派人千里迢迢从河北购买六七头奶牛，用车拉回西安，专供慈禧太后喝牛奶。夏天，慈禧太后爱喝冰镇酸梅汤，炎炎夏日，西安根本找不到冰，端方只得派人快马加鞭从距离西安200多里外的太白山运回冰块，为慈禧太后制作冰镇酸梅汤。

据统计，当时慈禧太后在西安每天的伙食费达200多两白银，在西安住的前8个月中，从陕西府库中支用了200万两白银，致使陕西府库亏空严重。端方为慈禧太后在西安设立的专办皇差的支应局，运转仅14天就耗费白银29万两。如此惊人的费用，在慈禧太后眼中不过是"九牛一毛"，她甚至说："向来在京，一费何止数倍，今可谓节约矣。"

陕西正值旱雹交加，粮价高昂，赤地千里，甚至出现了食人的情况，百姓身处水深火热之中，苦不堪言，而慈禧太后依然奢侈糜烂，光绪帝对此十分反感、憎恶。在慈禧太后严厉控制下寡言少语的光绪帝，此时忍不住发出"（慈禧太后）何厚饰为"的怨叹，认为"（慈禧太后）现在驻跸长安，徭役较繁，民力未免拮据"。

寄寓西安期间，光绪帝时常在纸上画各种大头长身的鬼怪，画好后就将纸撕碎，有时在纸上画一只大乌龟，在乌龟背上写上袁世凯的名字，然后将纸贴在墙上，用一张小竹弓向纸弹射，射完后又将纸取下剪碎，抛于空中。他恨这些破坏维新变法的顽固守旧派，也恨那些只知道保全自身利益、置国家荣辱于不顾的官员，更恨眼前这个祸国殃民的慈禧太后。

第八章 / 庚子国难，被挟"西狩"寓西安

第五节　条约签订，两宫回銮

1901年9月7日（光绪二十七年七月二十五日），在北京东交民巷的西班牙使馆内，庆亲王奕劻、李鸿章代表清政府与英、美、日、俄、法、德、意、奥、比、西、荷十一国驻京公使签订了丧权辱国的《辛丑条约》。根据条约，中国向列强赔款4.5亿两白银，分39年还清，年息4厘，本息合计9.8亿两白银，中国陷入了更加苦难的深渊中。

在李鸿章的坚持下，列强同意不再追究祸首慈禧太后的责任。当天下午，李鸿章将《辛丑条约》签署的消息和具体内容电告至远在千里之外的西安，接到电报后，慈禧太后长长舒了一口气。在她看来，这些银两只需摊派下去，都是官员和百姓的事情，而自己又可以高枕无忧地安享太平盛世，纵情享受生活，重返京城执掌朝政、发号施令，统治大清江山。慈禧太后还沾沾自喜地对光绪帝说："洋人欲索此次祸难之惟一为首者，意盖指我，今幸未提及，不能不感祖宗之默佑也。"

随后，慈禧太后接连收到庆亲王奕劻、李鸿章和各省官员"恭请两宫（指慈禧太后和光绪帝）回銮"的奏请，这正合慈禧太后的心意。10月6日，也就是在《辛丑条约》签订整整一个月后，慈禧太后收拾停当，携带光绪帝等人，正式从西安起驾，踏上了回銮之旅。

此次慈禧太后回銮北京，没有按来时的路线返回，而是走出陕西后奔向河南，沿黄河一路往东经过开封，然后向北从安阳进入河北，最后返回北京。她为什么要兜个大圈子从河南绕道返回京城呢？一是慈禧太后非常迷信，来时一路担惊受怕、狼狈不堪，很不吉利，因此返京时她要变换一下路线，避避晦气，换换心情。二是山西、河北两地遭受战争严重损害，百姓愤懑哀伤，走原路返回恐生变故。三是此时北京城内的

联军还未全部撤完，城内仍不安全，她还要观察一下北京周边的形势。

这次回銮北京，慈禧太后如同换了一个人似的，一路上游山玩水、寻访名胜、烧香拜佛、品味美食、题字留念，忙得不亦乐乎，而沿途各州县的官员却忙坏了，为了服侍好慈禧太后，官员们使出浑身解数，唯恐服侍不周而丢了乌纱帽。

11月8日，慈禧太后和光绪帝一行人进入河南郑州。当天，传来了李鸿章于前一天在北京病逝的消息，慈禧太后既惊愕又悲伤，随即传令让袁世凯署理直隶总督兼北洋大臣。

11月12日，慈禧太后进入河南省城开封，在开封停留了一个多月。11月30日，慈禧太后亲口传下懿旨，宣称"自上年拳匪之变，肇衅列邦，以致庙社震惊，乘舆播越。推究变端，载漪实为祸首，得罪列祖列宗"，将战败的责任推卸给了义和团和载漪，并宣布废除载漪之子溥俊的大阿哥名号，改封为入八分辅国公（清朝宗室十二等封爵中的第六等），溥俊归宗仍为载漪之子。溥俊随即被赶出行宫，连乘坐轿子的资格也被剥夺，在两名侍卫的护送下灰溜溜地骑马返回京城。慈禧太后一手将溥俊推上储君的宝座，又一手将他拉下了来，她自导自演的立储闹剧就此收场，废帝计划也彻底失败。

12月14日早上8点左右，两宫自开封启程北上，正午12点到达黄河渡口柳园口，慈禧太后和光绪帝在岸边摆设香案，燃香祭奠河神。之后两宫登上龙舟，渡河北上，河南文武官员、士绅乡民在河南岸俯伏跪送，场面异常隆重。

12月26日，队伍抵达直隶顺德府府治邢台，袁世凯自山东奉命前来迎驾。

12月31日，两宫抵达正定。

1902年1月3日（光绪二十七年十一月二十四日），两宫自正定乘火车北上抵达保定，扈从人员和车辆、物品也随行去了北京。

第八章 / 庚子国难，被挟"西狩"寓西安

1月7日，两宫自保定乘火车进京，于正午12点抵达北京永定门外马家堡车站，大批官员和军队在车站迎接慈禧太后和光绪帝两宫回銮。下午2点，两宫进入正阳门，然后经午门进入紫禁城。两宫回銮历经90余天，沿途耗费各省各府大量财力物力，终于结束。

回到北京后，光绪帝向身边的人打听珍妃的下落，慈禧太后知道再也瞒不住了，便对外宣称珍妃是为了免遭洋人污辱而投井自杀的，又知会内务府筹办棺材，特别"恩准"珍妃的家人打捞尸体，装殓入棺，埋葬在阜成门外的宫女墓地。同时，慈禧太后又假惺惺地发布懿旨，宣称："上年京师之变，仓猝之中，珍妃扈从不及，即于宫中靖难，洵属节烈可嘉，加恩着追赠贵妃位号，以示褒恤。"慈禧太后追封珍妃为珍贵妃，又将"珍"字改成"贞"，借此让自己获得一丝心安，也希望珍妃的怨灵不要缠上自己。

为了躲避舆论，转嫁罪责，慈禧太后还将崔玉贵贬出宫中。崔玉贵对此事耿耿于怀，后来他向何荣儿诉苦说："我敢说，这是老太后深思熟虑要除掉珍妃，并不是在逃跑前，心慌意乱，匆匆忙忙，一生气，下令把她推下井的……把珍妃推到井里的事，洋人是都知道的，为了转转面子，就将罪扣在我的头上了。这就是老太后亏心的地方。说她亏心并没有说她对我狠心，到底还留我一条小命，如果要拿我抵偿，我又有什么办法呢？想起来，我也后怕。"

何荣儿也非常同情珍妃，直言不讳地指出慈禧太后早有害死珍妃之心。她说道："老太后对这件事（赐死珍妃）是预谋已久的。我赞成崔玉贵的话，绝不是临跑前仓促之间的举动。"

光绪帝得知珍妃惨死的消息，痛断肝肠，他把珍妃生前用过的帐子挂在自己的卧室中，时常独自一人对着帐子怔怔出神，有时还悲伤地哭泣起来，身体状况也开始恶化。

第九章 日落瀛台，含冤驾崩恨悠悠

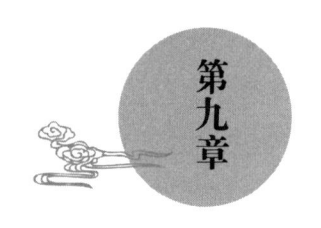

回京后的光绪帝，境遇丝毫未有改变，仍被囚禁于瀛台，扮演着傀儡皇帝的角色。1908年11月14日（光绪三十四年十月十一日），光绪帝在瀛台涵元殿含冤驾崩，英年37岁。他走完了自己孤独、凄惨、苦难、屈辱的一生，留下了无限的遗恨。

第一节 再囚瀛台，仍为傀儡

回到北京后，慈禧太后和光绪帝都十分忙碌。慈禧太后宴请外国公使夫人，光绪帝接见外国公使，为当初清军攻打外国使馆的行为"致歉"。随后，慈禧太后召集王公大臣议事，着手进一步推行新政。光绪帝则到宫中各个庙宇拈香行礼，以答谢祖宗神灵的护佑。

转眼间，两宫回銮北京后迎来了第一个新年。1902年2月8日（光绪二十八年正月初一），新年第一天，慈禧太后和光绪帝分别在皇极殿、

第九章 / 日落瀛台，含冤驾崩恨悠悠

太和殿接受文武大臣的朝贺，赏赐群臣。一元复始，北京城内的硝烟早已消散，两宫与群臣都祈盼灾难之后，国家在新的一年有一个好的景象。渐渐地，朝廷的一切开始走上正轨，大清在慈禧太后的操纵下又开始运转起来。

回宫之后，慈禧太后对光绪帝的控制不像以前那么严格了，光绪帝的处境有所改善，但是他的囚徒身份继续保持。光绪帝虽然摆脱了被罢黜的命运，但是仍未改变其傀儡命运。

当初，慈禧太后一意孤行推行的废立计划，列强出面阻止，极力支持、维护光绪帝，让慈禧太后认为列强真的要逼迫她归政，帮助光绪帝重返政治舞台，因此不得不改变自己对光绪帝的态度。然而条约签订、战争结束后，列强从中国攫取了一系列特权和大量的赔款后，对光绪帝又不像以前那么热情了，不再提及帮助光绪帝重掌朝政一事了，在看清了列强的心思后，慈禧太后毫无顾忌地将光绪帝囚禁在了瀛台。

每天清晨，慈禧太后会派人到瀛台将光绪帝接到宫中，让光绪帝陪她一起召见群臣议事，但光绪帝也只是坐在慈禧太后的旁边摆摆样子，做个陪衬，并无处理朝政的权力。有时慈禧太后也让光绪帝向群臣问话，或者装模作样地征询他的意见，但光绪帝表情木然，只是简单地说两句，揣摩慈禧太后的心思，尽量迎合她。

"西狩"的逃难经历，给光绪帝留下了深刻的印象，他无法忘记自己在这次颠沛流离的逃难中所蒙受的耻辱。联军攻陷北京时，正阳门城楼毁于炮火，回銮北京后不久，慈禧太后就同大臣们商议，准备筹集款项修复正阳门城楼，光绪帝则建议应当留此残败之迹，作为警醒之物，也作为联军侵华的罪证，但是却被慈禧太后拒绝了。

对于慈禧太后来说，此次"西狩"是她的政治污点，只需抹杀、涂改即可。而在光绪帝看来，这是要时刻铭记的国家耻辱。回銮北京途中，光绪帝一直穿着一件破旧的小褂，回到宫中居住瀛台后，他就将这件小

褂挂在其卧室的衣架上。一天,一个太监走进光绪帝的卧室,见衣架上挂着的小褂又旧又脏,要拿去清洗,光绪帝阻止说:"此乃自陕至京数月不换之小褂,与我患难相依,故留为纪念,不忍弃也。"

每天,除了到宫中像傀儡一样陪慈禧太后上朝召见大臣外,光绪帝在瀛台能做的事只有吃饭、读书、睡觉。后来,光绪帝觉得自己太孤单了,就向掌管宫廷演出活动的升平署要来了锣鼓,偶尔在瀛台敲打一下,打发难熬的时光,排解心中的郁闷、愤怒。慈禧太后知道后,甚为不悦,特意嘱咐升平署:"以后皇上如若要响器家伙等,先请旨,后传。"慈禧太后还传令,"万岁爷那不准言语",禁止外人接近光绪帝同他说话,唯恐光绪帝与外界发生联系,又生事端。

慈禧太后厌恶、冷落光绪帝,不把光绪帝当回事儿,那些趋炎附势的太监们也多不把光绪帝当回事儿。慈禧太后喜欢看戏,就让李连英到外边召集戏班到颐和园的德和园大戏楼演戏。回銮北京后的第一个春节,按例慈禧太后要看戏,她就命人将光绪帝从瀛台带来陪自己一道看戏。光绪帝不愿意,带着怨愤说了一句:"这是何等时光,还唱什么戏?"

在丧权辱国、国难深重之际,慈禧太后仍兴致勃勃地要看戏,光绪帝对此非常不满,对慈禧太后的行为表示了谴责和抗议。

光绪帝身边的太监听了,便大声喝道:"你说什么?"

光绪帝自知失言,急忙解释道:"我胡说,你千万莫声张!"

戏开演时,慈禧太后要光绪帝身穿戏装上台环步一周,让他模仿二十四孝中老莱子"戏彩娱亲"的故事来向自己表达孝心。

慈禧太后还时常要光绪帝陪她看京剧《天雷报》。《天雷报》讲述的是一个被父母遗弃的人名叫张继保,自小被张元秀夫妇收养,含辛茹苦带大,张继保长大后进京赶考中了状元,回家后却不肯认养养父母,结果被天雷劈死。慈禧太后是想借此告诉光绪帝,自己对光绪帝有养育之恩,而光绪帝却没有良心,与别人一起合谋加害她,要遭雷劈之报。

演戏过程中，慈禧太后还临时加戏，要求在戏中加上五个雷公和电母，狠狠地劈那不孝子张继保。慈禧太后一边看戏，一边斜眼看着坐在她身旁的光绪帝，光绪帝怎能不懂其中用意，他坐立难安，尴尬至极，受到了莫大的侮辱。

1908年8月14日（光绪三十四年七月十八日），这天是光绪帝的37岁生日。慈禧太后特地安排戏班表演三国大戏《连营寨》，戏里面有一段刘备哭祭关羽和张飞的内容，满台都是白盔、白甲、白旗、白幡。在光绪帝生日的喜庆之际，慈禧太后让戏班唱这种哭祭死人的戏，无疑是挖苦、诅咒光绪帝。

在被幽禁瀛台的岁月里，光绪帝的内心变得更加孤独，精神更加忧郁，性格也变得暴怒。一次，隆裕皇后来看光绪帝，光绪帝认为隆裕皇后参与陷害了珍妃，见了她气不打一处来，立即让隆裕皇后走开，隆裕皇后不走。光绪帝火冒三丈，怒吼一声，竟然把隆裕皇后头上的发簪打落在地，然后抓住隆裕皇后的脑袋往墙上撞，直到把她打得鼻青脸肿方才罢休。

在瀛台，光绪帝孤苦伶仃地过着寂寞清苦的生活，他自己动手打扫房间，拿竹竿挑掉大殿里的蜘蛛网，光绪帝的书房简陋，椅子上的垫子磨破了也没有人更换。过年时，光绪帝自己提笔写好春联贴在门上，自我欣赏一番之后，就呆呆地坐在屋内，听着北京城内传来的阵阵爆竹声，面色忧郁，一言不发。

1913年，也就是光绪帝死后的第5年，担任宣统帝老师的陈宝琛邀请陈石遗、林纾、力香雨到瀛台涵元殿参观，只见殿中黄幔四垂，各配殿陈设如旧，一派凄寂、冷落的景象。不难想象，当年光绪帝在这里度日如年，内心承受着常人无法承受的痛楚，在极为凄苦的日子中度过了他的余生。

后来，人们每每提起光绪帝在瀛台苦居的这段日子，都禁不住摇头叹息，潸然落泪，渐渐地，涵元殿被人们称为"含冤殿"。

尽管身为囚徒，被幽禁于瀛台，但光绪帝依然对外面的新世界充满向往，每天，陪慈禧太后在宫中召见朝臣散朝回到瀛台后，光绪帝便将大部分时间用来读书学习。对于光绪帝的学习，慈禧太后并不干预。光绪帝读书的范围很广，涉及政治、军事、外交、法律、历史、地理、教育、经济、财政、英语等，后期他身体状况恶化，又研究起了医学。

据中国第一历史档案馆保存的一份光绪帝向内务府索要的购书单，这一时期光绪帝所读的书主要有《万国国力比较》《列国政治异同考》《欧洲最近政治史》《欧洲新政史》《政治泛论》《宪法论》《民法原论》《孟德斯鸠法意》《英国宪法论》《欧洲财政史》《日本预备立宪》《日本警察讲义录》等。

光绪帝所读的书数量庞大，内容广泛，且大多和立宪有关，这说明此时的光绪帝仍然关心朝政，关心国家的前途和命运。对于当年自己主持的戊戌变法和与康有为、梁启超等维新派人士一起开创的维新事业，光绪帝仍然难以忘怀，记忆犹新。他期待着自己有朝一日能够重返政治前台，延续维新事业，改革大清，让积贫积弱的大清焕发活力，恢复生机。而且光绪帝心中已经有了改革目标，即以君主立宪制代替专制政体。

慈禧太后的贴身女官德龄公主，在此后两年多的时间里与光绪帝走得很近，她曾教光绪帝学英文，对光绪帝很同情，也很敬重。后来她在其所著的《清宫二年记》中回忆说："他（光绪帝），在中国实在是一个又聪明又有见识的人，他是一个出色的外交人才，有极丰富的脑力，可惜没有机会让他发挥他的才能……（光绪帝）常常把他的困难和苦痛告诉我。我们常常谈到西方文明，我很惊异他对每一件事物都懂得那样透彻。他屡次告诉我他对自己国家的抱负，希望中国幸福。他爱他的百姓，逢到饥荒水旱的时候，他几乎愿意牺牲一切来救助他们。"

1905年（光绪三十一年）3月，德龄公主由于父亲病重要离开清宫赴上海，临行前她与光绪帝告别。光绪帝用英语祝德龄公主幸福，然后又以伤感、遗憾的口气对德龄公主说："我没有机会把我的意思宣布于外，或有所作为，所以外间都不大知道我，我不过是替人作（做）样子的。以后再有外人问你，只告诉他我现在所处地位的真实情形。我有意振兴中国，但你知道我不能作（做）主，不能如我的志。"

光绪帝向德龄公主吐露的是真心话，他有"振兴中国"的壮志，但是朝廷黑暗，太后当道，旧臣横行，他"不能做主"，壮志难酬，其傀儡命运让人扼腕悲叹！

第二节　朝局动荡，山雨欲来

光绪帝被慈禧太后囚禁在瀛台，处境艰难，一筹莫展，而慈禧太后的日子也不好过。岁月不饶人，这时的慈禧太后已经年近七旬，在人均寿命不长的清朝已经算是高寿之人了，她的精神和体力已经大不如从前，健康状况也在走下坡路。昔日威风凛凛、不可一世的慈禧太后，这时已经两鬓苍苍、行动迟缓，呈现出一副老态龙钟的模样。

1903年4月11日（光绪二十九年三月十四日），慈禧太后的心腹宠臣荣禄病逝。兔死狐悲，慈禧太后闻讯后痛哭流涕，还将自己的弟弟桂祥骂得灰头土脸，颜面扫地。因为在荣禄病重时，桂祥曾推荐一名医生为荣禄诊治，结果荣禄不治而亡，慈禧太后认为医生无能，于是迁怒于桂祥，将火气撒在桂祥头上。荣禄死后，慈禧太后伤感了很长时间，人一下子又苍老了许多。

此时，清王室中一批年轻的人物登上了历史舞台，这些人包括光绪帝异母弟醇亲王载沣、辅国公载涛，继承恭亲王王爵的溥伟，以及肃亲王善耆等人。

这些年轻的爱新觉罗家族子孙，试图让爱新觉罗家族和大清东山再起，恢复昔日的权威和荣耀。他们在内心是非常支持和拥戴光绪帝的。精于权术、阴狠狡诈的慈禧太后，对此也有所警觉。

一次，载涛派一名太监进宫给慈禧太后进献食品，同时嘱咐这名太监顺路去看看光绪帝。慈禧太后得知后非常不安，担心光绪帝会让这名太监给载涛捎出什么话，于是立即命令内务府派人前往载涛府中捉拿那名进宫的太监，然而载涛丝毫不买内务府的账，声称没有光绪帝的旨意，任何人不能到他府中拿人，还气势汹汹地破口大骂，甚至动手跟内务府的人拼命，幸亏侍卫将载涛死死拦住，才没有闹出人命。最后，那名太监还是被内务府的人带走，交给了慎刑司拷问。太监死活不承认自己替光绪帝捎话（或许光绪帝根本就没有让他捎话），最后竟被活活打死。此时载涛还不到20岁，年少冲动，对慈禧太后构不成什么威胁，但是载涛气势汹汹，他只认哥哥载沣是当朝的皇帝。这件事对慈禧太后刺激不小，令她忧心忡忡。

此时，慈禧太后还不知道，肃亲王善耆正在着手实施一个惊天计划：待慈禧太后归天之时，立即拥戴光绪帝复辟，帮助光绪帝夺回皇权，重掌朝政。为此，他借举行新政的机会，建立了一支消防队，给消防队配备了清一色的新式洋枪，按军队的训练模式，每天带领消防队按时出操，练习爬墙、上房等动作。善耆在心中盘算，万一宫中失火，就立即以救火为名，率领消防队前往瀛台，救出光绪帝。可惜的是，还没等他将计划付诸实施，光绪帝就驾崩了。

晚年的慈禧太后，经历了八国联军侵华、北京失陷、出逃"西狩"等事件，内心震动很大，她的"天朝大国"意识开始坍塌。在残酷的事实面前，慈禧太后不得不承认大清与列强之间存在着很大的差距，在军事、经济等方面都大大落后于列强，因此她有意向外国学习，借鉴外国的制度进行变法，推行新政。

然而，此时国内形势已经发生了巨大的变化，以孙中山为代表的资产阶级革命党人在全国各地相继发动起义，力图彻底推翻清政府；长江以南的哥老会等会党组织也不断举行起义，反抗清政府的统治；康有为、梁启超等维新派人士则在海外到处游说，抨击慈禧太后一党腐败误国，宣传君主立宪，要求光绪帝复辟；以袁世凯为代表的北洋军阀也开始崛起，与清政府分庭抗礼，图谋夺取统治权。慈禧太后一党此时已经众叛亲离、日暮途穷，清政府也已经危机四伏、日薄西山了。此时变法改革、推行新政已经太晚了，无法挽救国家颓势，改变其覆亡的命运了。

第三节 日落瀛台，光绪驾崩

1908年（光绪三十四年）夏天，天显异象。据清末许指严所著的《十叶野闻》记载，这年7月的一个傍晚，北京城中一位名叫赵士敬的读书人与朋友在家中吃过晚饭后，坐在屋内谈天说地。不知不觉间，天色变暗。突然，窗外闪现耀眼的光亮，同时还伴有隆隆的响声。赵士敬与朋友见状，急忙走出屋外观看是什么情况。只见一颗硕大的流星从西北方向掠过天空，光芒耀眼，声如巨雷，尾长数十丈，最后飞向东南方向陨落。当时，目睹这颗流星的人们议论纷纷，有人说是紫微星陨落，恐怕今年国家有大事要发生。

11月3日，慈禧太后在西苑度过了她的73岁生日。这天，光绪帝拖着虚弱的身体前来西苑，打算与群臣一起给慈禧太后贺寿。进门前，光绪帝扶着太监的肩膀做疏松筋骨的动作，他可能是担心待会儿给慈禧太后跪拜后站不起来才事先活动一下筋骨。慈禧太后此时患痢疾已近2个月，浑身有气无力，她不愿让人看到自己奄奄一息的样子，于是便命太监传旨给光绪帝："免率百官行礼，取消贺拜仪式。"

光绪帝闻知慈禧太后的病情,脸上露出了喜悦之色,在太监的搀扶下回到瀛台涵元殿自己的卧室中。可是,光绪帝的表情被随侍的太监察觉,这名太监跑去报告慈禧太后,说皇上听说太后病重,面有喜色。慈禧太后听后,勃然大怒道:"我不能死在尔(光绪帝)前头!"但是自这天后,慈禧太后的病情开始恶化。11月7日,慈禧太后头痛目倦,烦躁不安,还有时而恶寒、时而发热的症状。次日又周身疼痛,面目发浮。而光绪帝身体机能也走向衰竭,他自述有便秘、咳喘、腿酸、失眠、发热、身痛等症状。

11月9日,慈禧太后与光绪帝在西苑勤政殿最后一次召见大臣。那天被召见的新任直隶提学使傅增湘说:"太后神态疲惫,据说几个月的痢疾腹泻不止。而皇上脸色晦暗,说话声音无力,靠座位中间垫了几个靠枕,才勉强支持。"从此,光绪帝再没有离开过病榻,到11月11日,光绪帝突然肚子疼痛难忍,神志时有模糊,已经不能进食了。

11月13日,就在光绪帝驾崩的前一天,慈禧太后突然以光绪帝的名义颁下三道谕旨,授予光绪帝同父异母弟弟醇亲王载沣"摄政王"封号,将他不到3岁的长子溥仪接到宫中教养,在上书房读书,预立为皇储。消息传来,醇王府顿时发生一场大乱。溥仪的老祖母刘佳氏听完载沣带回来的谕旨当场晕厥过去。未来的皇帝溥仪连哭带打,不让太监抱走,最后由溥仪的乳母王焦氏抱着他一起进宫。这一情景,和当年年仅4岁的小载湉被立为新帝时发生的一切何其相似!历史在这一刻上演了惊人相似的一幕,似乎又预示着一个悲剧的结局,而这一切,都是由慈禧太后亲手制造出来的。

躺在病床上的光绪帝听说溥仪被选立为新帝时,沉默半晌,然后叹了一口气,对身边的人说:"年岁大些,岂不更好?"停顿了一会儿,光绪帝又无奈地说:"太后的旨意谁敢违背呢?"光绪帝对大清的命运和溥仪的命运表现出担忧,言语中表达了自己一生被慈禧太后压制、难以自主命运的无奈心情与悲愤情绪，听来令人落泪。

1908年11月14日（光绪三十四年十月二十一日）傍晚6点半左右，饱受打击、摧残和折磨的光绪帝在瀛台涵元殿含冤驾崩，走完了他郁闷、孤独、凄惨、痛苦的一生，年仅37岁。

据给光绪帝看病的御医周景涛回忆，那天他奉慈禧太后的懿旨去给光绪帝诊脉，进入涵元殿光绪帝的卧室后，发现屋内光线很暗，散发着一股潮湿发霉的味道，只见"光绪仰卧在床上，瞪目指口，大概是想吃东西，而那时身边一个太监都没有。就连寝宫里的器皿，也都被太监们盗窃殆尽，只剩下一个玉鼎"。周景涛上前一摸光绪帝身体，发觉已经冰冷僵硬，才知光绪帝已经驾崩，死去多时。

周景涛大惊失色，赶忙回到宫中，但他不敢去见慈禧太后，而是将光绪帝驾崩的消息告诉了隆裕皇后。隆裕皇后赶忙带着宫女、太监陪着自己到涵元殿查看，证实光绪帝确已驾崩。隆裕皇后一面派太监回宫给慈禧太后报信，一面指挥众人安顿光绪帝的遗体。正在众人手忙脚乱间，一名太监从宫中急匆匆赶来，告诉隆裕皇后，那边慈禧太后朝不虑夕。隆裕皇后惊慌之下，又放下光绪帝的遗体，带着宫女、太监急急忙忙赶往宫中。

这时，李连英带着几个小太监赶到涵元殿，见光绪帝的遗体放在殿中无人料理，心中不忍，在李连英的指挥下，光绪帝的遗体被抬到乾清宫，草草料理好放进梓宫。

再说隆裕皇后回到宫中，见了慈禧太后，告诉她说光绪帝已经驾崩。慈禧太后听后，当即口授懿旨，宣布"摄政王载沣之子溥仪入承大统，为嗣皇帝"，"承继穆宗毅皇帝（同治帝）为嗣，兼承大行皇帝（光绪帝）之祧"，另外又规定："嗣皇帝尚在冲龄，正宜专心典学。着摄政王为监国，所有军国政事，悉秉承予（慈禧太后）之训示，裁度施行。俟嗣皇帝年岁渐长，学业有成，再由嗣皇帝钦裁政事。"

懿旨规定，溥仪入承大统为新皇帝，由载沣摄政监国，辅佐溥仪执掌朝政，但又规定"所有军国政事，悉秉承予之训示，裁度施行"，也就说慈禧太后仍代行"训政"之职，载沣在议决朝政、发布政令前必须请示慈禧太后，由她裁决才能生效。这表明溥仪、载沣实际上也是慈禧太后的傀儡，慈禧太后仍是大清的最高统治者。

直到此时，慈禧太后不仅对自己的生命充满乐观，对权力的欲望也丝毫没有减弱。正如溥仪在《我的前半生》里写道："她在确定了光绪的最后命运之后，从宗室中单单挑选了这样的一个摄政王和这样一个嗣皇帝，也正是由于当时她还不认为自己会死得这么快。在她来说，当了太皇太后固然不便再替皇帝听政，但是在她与小皇帝之间有个听话的摄政王，一样可以为所欲为。"

可是，慈禧太后料想不到的是，在作出这一系列决定后，她的病情急转直下。第二天早上，慈禧太后没有吃早膳，到了中午才勉强起身吃了一点午膳。就在吃午膳的时候，她突然又晕厥了过去，良久才苏醒过来。慈禧太后自知大限将至，于是急召隆裕皇后和载沣到自己的病榻前，交代后事。慈禧太后以嗣皇帝溥仪的名义口授了她一生中的最后两道懿旨：其一，"命摄政王载沣监国，所有应行礼节，着会议具奏"；其二，宣布"现予病势危笃，恐将不起，嗣后军国政事均由摄政王裁定，遇有重大事件必须请皇太后（隆裕皇后）懿旨者，由摄政王随时面议施行"。慈禧太后依然想给她的侄女、隆裕皇后保留一个地位。

口授完懿旨，慈禧太后进入弥留状态。临终前，她留下遗言："此后，女人不可预闻国政。此与本朝家法相违，必须严加限制。尤须严防，不得令太监擅权。明末之事，可为殷鉴！" 1908年11月15日（光绪三十四年十月二十二日）下午2时左右，慈禧太后在西苑仪鸾殿咽下了最后一口气，享年73岁，与光绪帝之死仅隔一日。

人之将死，其言也善。慈禧太后临终前坦言，"此后，女人不可预闻国政"，应是她心迹的真实表露。她以皇太后的身份三度垂帘听政，掌控实权，这样一个控制大清长达半个世纪的铁腕太后，临终前又禁止女人干政。或许是她对自己这么多年来的所作所为有所反思、追悔，她感到自己的治国能力不足，造成大清千疮百孔、日薄西山的局面，愧对大清列祖列宗，唯恐地下的先帝们会指责她，故而才说出那句自我否定、令世人困惑不解的话来。又或许是，她为了博取一个身后之名，用最后一口气再为自己树立一个好形象。

第四节　死因诡异，清宫谜案

光绪帝和慈禧太后相继而亡的噩耗公布后，天下震动，议论之声蜂起。人们备感疑惑：为什么二人在两天之内接连去世，而且中间相隔不到 20 小时？为什么年轻的光绪帝反而死在了年老的慈禧太后之前？是巧合，还是另有隐情？事情的真相究竟如何？

于是，关于光绪帝死亡的原因，人们作出了种种推测，并给出了各种解释。综合而言，不外乎两种说法：一是病死说，二是谋害说。

光绪帝自幼体弱多病，脾胃较差，成年之后又患上了肾病。由于得不到很好的调理，病情逐渐恶化，出现了耳鸣、畏寒、尿频、腰膝酸软等并发症。早在光绪帝驾崩的前 10 年（1898 年），法国驻京使馆医生多德福就曾经赴瀛台为他治过病，诊断结果表明，除前述的症状外，光绪帝还患有疲倦、头晕、头痛、气喘、腹泻等症状，当时的光绪帝就已经百病缠身了。

此后，光绪帝的病情逐渐加重。从 1908 年（光绪三十四年）春天开始，清政府接连不断地下发文件，征召天下名医进京为光绪帝治病。虽经多方诊治，效果仍不明显。到了 1908 年初夏，光绪帝病情迅速恶化，他自述有心跳、失眠、发热、呼吸困难、便秘、腿胯和小腹酸痛等症状，御医和从各地应召前来的名医均无计可施，束手无策。应召进京的天津知名西医屈桂庭对光绪帝进行诊治后认为，光绪帝患有遗泄、头痛、发热、脊骨痛、无胃口、肾炎、痨病等病症，此外，光绪帝面色苍白无血色，脉搏弱和心跳无力。屈桂庭认为光绪帝诸病齐发，已经极难救治。进入11月，光绪帝的病已露险象，迫近死亡了。到了11月14日，光绪帝便撒手人寰，溘然而逝。

我国的医学工作者从中国第一历史档案馆收藏的清代档案中找到了光绪帝临终前御医为他诊治的脉案和开出的药方原件，经过研究后认为，光绪帝死于结核病。然而，这些由清政府官方整理而成的宫廷脉案及药方，不一定是御医对光绪帝诊治的真实记录，或许有所隐瞒，或许已经加以篡改，均未可知，其可信度值得怀疑。而且，从光绪帝临终前的病情来看，也未见有结核病恶化的症状。因此，仅仅依据清宫的脉案、药方还难以探究光绪帝的真实病情，光绪帝正常病死说也值得商榷。

那么，光绪帝是否是被谋害而死的呢？不排除这种可能。因为在光绪帝生前死后均有一些异常情况出现，更重要的是，医学工作者在光绪帝的头发、骨骼中和衣服上均检出了剧毒物——砒霜。

1908年11月3日，慈禧太后寿辰，当日光绪帝曾病倒，但是御医周景涛等人给光绪帝作了诊断后，认为他"六脉平和无病也""帝无大症，诸臣皆以平和剂进之"。可见光绪帝这时的病情还不算特别严重，并无病危的迹象，况且光绪帝患的都是慢性病。

到了11月10日，慈禧太后突然病危，不时会昏迷过去。也就是在这一天傍晚，光绪帝在进食后开始觉得肚子疼，疑似被人下毒。当晚，光绪帝向内务府发出了两道急召御医的手谕，但是御医却被阻拦在中南海宫门外，光绪帝左等右等也不见御医前来诊治。而在同一天夜间，两名御医受召进宫为慈禧太后诊治。

第二天早上，值班的屈桂庭才被派来为光绪帝诊治。屈桂庭进入涵元殿后，看到光绪帝的症状后吃惊不小，光绪帝"在床上乱滚"，大叫"肚子痛得了不得"，而且"面黑，舌焦黄"，他认为此时光绪帝的病症与此前他所患的各种病几乎没有什么联系。可见，屈桂庭从光绪帝的病症中发现事有蹊跷，但是他也不敢声张，对生命垂危的光绪帝没有采取任何有效的救治措施，只是"以暖水熨敷（光绪帝）腹部"就匆匆退出涵元殿了。在痛苦地挣扎了3天后，光绪帝含恨去世。

光绪帝去世后的近百年间，他的死因也一直是一个谜。我国专家学者与文物管理部门、法医鉴定部门等通力合作，为解开光绪帝死亡真相做了大量的探索工作。

1980年6月15日，清西陵文物管理处对光绪帝与隆裕皇后的合葬陵寝崇陵（位于河北省保定市易县清西陵泰陵东北面的金龙峪）地宫进行了保护性清理。专家将光绪帝、隆裕皇后的头发及部分尸骨和遗物从地宫中带出，保存于库房之中，以便日后研究之用。

2003年，中央电视台清史纪录片摄制组、中国原子能科学研究院反应堆工程研究设计所、北京市公安局法医检验鉴定中心和清西陵文物管理处的领导和专家，联合组成了"清光绪帝死因"专题研究课题组。历时5年，利用中子活化、X射线荧光分析、原子荧光光度等现代科技手段，对光绪帝的两缕头发、遗骨、衣服以及地宫内外环境反复检测，进行了一系列研究分析，最终得出结论：光绪帝系死于急性胃肠型三氧化二砷（即砒霜）中毒。2008年11月2日，国家清史编纂委员会在北京京西宾馆举行"清光绪帝死因研究工作报告会"，对外公布了这一结论。

检测数据显示，光绪帝的两缕头发中，砷含量的最高值为2404微克/克，远高于当代正常人发砷含量，两者相差悬殊，实在令人惊异！

有学者指出，砒霜具有防腐功能，古人经常利用砒霜来保存尸体，在马王堆汉墓出土的尸体中就发现了砒霜，光绪帝体内的砒霜很可能是用来保持其尸身完好的。是否存在这一可能呢？为此专家们又对隆裕皇后头发中的砷含量进行了检测，结果显示其头发中的砷含量仅为9.2微克/克，光绪帝头发中的最高砷含量竟然是隆裕皇后的261倍。这就证明光绪帝体内的砒霜并不是用来保存其尸体的。

又有学者指出，有可能是光绪帝生前长时间服用药物，最终慢性砷中毒而死亡，因为光绪帝生前服用的中药里雄黄（四硫化四砷）、朱砂（含有雄黄、硫化汞等）等成分也会导致砷、汞中毒。专家们对此做了进一步研究，发现光绪帝头发中的砷含量高峰值是慢性砷中毒者头发中的66倍，而且光绪帝头发中砷含量的分布曲线也与慢性砷中毒者的完全不同。也就是说，光绪帝头发中的砷并不是因为他长期服药、自然代谢形成的，光绪帝并非慢性砷中毒而死。

那么，光绪帝头发中的高含量砷是否来源于其地宫内外的环境？

专家们对光绪帝地宫内外环境中的砷进行了检测、分析，结果表明，光绪帝头发中的最高砷含量是其地宫内外环境中最高砷含量的97倍，是其梓宫内物品最高砷含量的83倍。这就表明，光绪帝头发中的高含量砷并非来自环境的沾染。

接着，专家们又检测了光绪帝的遗骨和衣服，均发现含有高含量的砷，一些遗骨表面沾染了大量的砷，而且内衣的砷含量高于外衣的砷含量，胃肠部衣服的砷含量远远高于其他部位衣服的砷含量。这说明，砒霜曾经大量停留在光绪帝的胃肠部，并且在光绪帝尸体腐烂的过程中沾染到了光绪帝的衣服上，导致光绪帝胃肠部衣服的砷元素含量更高。因此，专家们推断：光绪帝遗骨和衣服上的砷来源于体内。由此看来，光绪帝因过量服用砒霜中毒而死的可能性是非常大的。

如果事实确实如此，那么凶手又是谁呢？综合当时的情况，被疑为凶手的有以下四人。

第九章 / 日落瀛台，含冤驾崩恨悠悠

第一个是袁世凯。

袁世凯在戊戌政变中向荣禄告密，导致"戊戌六君子"被杀，光绪帝与慈禧太后的母子关系也彻底破裂，光绪帝对袁世凯一直是咬牙切齿、深恶痛绝的。光绪帝痛恨袁世凯，袁世凯自然心中有数，一旦慈禧太后先于光绪帝而崩，光绪帝重新亲政，那么袁世凯就有被杀头的可能，因此，怀疑袁世凯主谋毒死光绪帝是有可能的。

但是当时袁世凯已经受到清政府的疑忌，遭到排挤，他并没有接近光绪帝的机会。而且清宫对皇帝的饮食、用药有着严格的规定，袁世凯作为大臣不可能向光绪帝进药，他也不敢随便进药。尽管袁世凯有作案的动机，但不大可能有机会对光绪帝下毒手，即使他想买通他人给光绪帝下毒也是极为困难的。迄今为止，没有发现任何袁世凯毒死光绪帝的确凿证据，因此，说袁世凯是谋害光绪帝的凶手可能性较小。

第二个是李连英。

德龄公主在其《瀛台泣血记》一书中指出，下毒害死光绪帝的是李连英。她说李连英眼看慈禧太后将不久于人世，自己的靠山要倒了，便暗自着急起来，他想与其待光绪帝重新掌权后来找自己算账，还不如自己先下手为强，于是便设计毒死光绪帝。尽管李连英曾受过光绪帝的杖责，但他与光绪帝之间并无什么深仇大恨，而且后来他与光绪帝之间的关系有了很大的改善，李连英对光绪帝多有关照，光绪帝也曾说过"若无李谙答（满语师傅的意思），我活不到今日"的话。光绪帝没有仇恨李连英的理由，李连英也没有谋害光绪帝的动机。迄今为止也没有任何其他史料证明是李连英毒死了光绪帝，因此李连英毒害光绪帝之说很难成立。

第三个是崔玉贵。

当年在联军攻入北京、慈禧太后西逃之前，崔玉贵受慈禧太后指使将珍妃推入井中淹死。崔玉贵深知，如果光绪帝重掌大权是不会饶过他的，只怕到时会被满门抄斩，此事成了崔玉贵的心病。据说他常在背地里叹

息:"老佛爷活一天,我活一天。"因此崔玉贵也就成了毒害光绪帝的嫌疑人之一。但是这也不过是推测而已,至今也没有发现任何崔玉贵向光绪帝下毒手的可靠证据。

第四个是慈禧太后。

种种迹象表明,光绪帝之死与慈禧太后有着很大的关系。自戊戌政变以后,慈禧太后和光绪帝这对母子之间的最后一层窗户纸被捅破,已经没有了和好的可能。在将光绪帝囚禁于瀛台后,慈禧太后就一直密谋废黜光绪帝,企图彻底终结光绪帝的政治生涯,只是由于中外人士的一致反对,慈禧太后的阴谋才没有得逞。此后,慈禧太后想出各种办法折磨、迫害光绪帝,光绪帝病情恶化与慈禧太后的迫害是有着很大关系的。

11月3日慈禧太后生日那天,光绪帝进宫给慈禧太后祝寿时听说她身体欠佳而面露喜色,慈禧太后得知后说出了"我不能死在尔(光绪帝)前头"这句十分恐怖的话,或许这时她已经彻底下定决心杀死光绪帝。慈禧太后担心自己死后,光绪帝重新亲政后会对她发动的戊戌政变进行清算,彻底推翻她所有的政治布局,故而她决意在自己病终前,先杀死光绪帝,不给光绪帝推翻她政治布局的机会。

在光绪帝病重期间,慈禧太后不停地向周围人询问光绪帝现在是什么状态,每天是否能按时服药。每当有人告诉她"皇上虽然每天都吃药,但是身体越来越吃不消,要支撑不住了"时,慈禧太后就会表现出一副安心从容的模样。据慈禧太后的亲信侍从说,"皇帝(光绪帝)宾天之后,太后闻之,不但不悲愁,而反有安心之状",这说明慈禧太后是不希望光绪帝活下去的,更不希望他死得比自己晚。

种种细节表明,光绪帝之死与慈禧太后有着千丝万缕的联系。而且从常理来看,能够下令毒死光绪帝的,除了一手遮天、掌控一切生杀予夺大权的慈禧太后,很难找出第二个人了。不过,推测归推测,至今也没有可靠的史料和确凿的证据证明就是慈禧太后下令毒死光绪帝的。光绪帝和慈禧太后相继而亡，当年服侍过光绪帝和慈禧太后的人们也相继离世，毒死光绪帝的凶手到底是谁已经很难考证了。光绪帝的死亡真相也成为一个永久的谜团。

光绪帝驾崩后，其梓宫最初被安放在乾清宫，1908年11月16日又移至景山观德殿。1909年3月12日，举行大殓仪式，由于他的陵寝尚未建成，于是将梓宫从紫禁城运出暂安清西陵梁各庄行宫中。1913年，崇陵地宫先期修造完成，同年12月13日，光绪帝和隆裕皇后（于1913年2月22日病逝于长春宫）的梓宫一同安葬于崇陵地宫，爱新觉罗·载湉终于得以安眠。

同一天，由瑾妃主持，珍妃的金棺被安葬于离崇陵仅500米的崇妃园寝。光绪帝和珍妃这一对苦命的有情人，在被迫分离十载、历经尘世的重重苦难之后，终于可以在地下相会了。

第五节　苦难天子，遗恨千秋

光绪帝一生活了37岁，在位34年。从他记事起，就已贵为一国之君，但始终生活在慈禧太后的阴影之下，备受摧残和折磨，终其一生只不过是慈禧太后手中的一粒棋子，过着名为天子、实为囚徒的生活，在正值奋发有为的壮年就含冤离世，其人生境遇可谓悲惨至极。

作为孩子，光绪帝有父母却享受不到父慈母爱，失去了一个普通孩子自由自在、天真烂漫的生活，得到的只有慈禧太后的严厉训斥、严苛管束；作为皇上，光绪帝有帝王之名而无帝王之实，时刻都要看慈禧太后的脸色行事，非但没有天子的尊贵和威严，甚至连普通人最基本的自尊都难以保证；作为丈夫，光绪帝钟情专一，却连自己最心爱的女人都保护不了，被慈禧太后棒打鸳鸯，帝妃二人阴阳两隔。光绪帝一生都在痛苦、压抑、屈辱中生活着，没过上一天自在、舒心的日子。

造成光绪帝人生悲剧的，既有历史的因素，也有他自身的因素。

光绪帝出生时，中国正值千年未有之大变局的时代，经受两次鸦片战争冲击和太平天国农民起义打击的大清，已经遍体鳞伤、衰弱不堪。不仅如此，延续千年的封建制度也已经到了不得不变的时间节点，虽然其间发生的洋务运动曾使大清一度回光返照，但也不过是昙花一现，仍难以改变其积贫积弱的颓势。此时的大清，如一台年久失修、残缺破损的机器，在沉重、缓慢、艰难地运转着，随时都有停止的可能。面对这样一个满目疮痍、危机四伏的王朝，即使是历史上那些具有雄才大略的英主也很难收拾，何况是像光绪帝这样一个少不更事、缺乏治国经验、又未能掌握实权的文弱皇帝呢？

光绪帝4岁登上皇帝的宝座后，就一直处于慈禧太后的掌控之下，即使在他亲政之后，慈禧太后也没有完全将手中的权力交还给他，凡遇军国大事，光绪帝必须事先征求慈禧太后的意见，得到慈禧太后的首肯后才能予以决断。在这种状况下，光绪帝虽然有志改变国家现状，但也是空有抱负和才能，无法施展，想干出一番大事业是极为困难的。

光绪帝自幼就被慈禧太后强行从其父母手中接入宫中，受到慈禧太后接近病态的管束，天长日久，光绪帝就形成了逆来顺受的懦弱性格。光绪帝虽然对慈禧太后揽权专政、专横霸道的行为十分不满、反感，但他慑于慈禧太后的权势，没有勇气彻底冲破封建礼法的束缚，也不敢同慈禧太后彻底决裂，这就造成了他性格上的撕裂，同时也造成了国家的悲剧。

中日甲午战争是光绪帝人生中的一道分水岭。他在战争中见识到了日本军队的嚣张和中国军队的惨败，也承受了批准《马关条约》的耻辱，在这种情况下，历史像一只无形的推手，将光绪帝与康有为、梁启超等维新派人士推到了一起。光绪帝重用康有为、梁启超等维新派人士，给予维新派有力的支持，发起了一场轰轰烈烈的维新变法运动。然而由于急功近利、求成心切，光绪帝主持的维新变法损害了以慈禧太后为首的顽固守旧派的既得利益，遭到了他们的阻挠和破坏，维新变法陷入困境。到了维新变法后期，光绪帝又错信了圆滑奸诈、善于投机钻营的袁世凯，以致功亏一篑，维新变法走向失败，维新派人士遭到镇压，自己也被慈禧太后囚禁起来，彻底失去了人身自由，令人扼腕叹息。

在光绪帝短暂的一生中，既没有做出什么实际有效的政绩，也无力拯救大厦将倾的大清。然而他对世界局势的认知、对大清国运形势的判断还是准确的，他推行的维新变法运动，是一件具有开创先河意义的世纪创举，在这一点上，他又超越了前人。

《清史稿》记载："德宗亲政之时，春秋方富，抱大有为之志，欲张挞伐，以湔国耻。"

光绪帝一心要推行维新变法，但他面临的阻力是巨大的，上有最高统治者慈禧太后在背后监视，下有大批因循守旧的腐朽官吏从中作梗，然而光绪帝"明知山有虎，偏向虎山行"，尽管维新变法最后失败了，没有改变中国的命运，但是这场变法震醒了那些麻木不仁的国人的灵魂，为苦难的中国带来了复苏的生机和复兴的希望。

与清朝其他几位皇帝相比，光绪帝可以说是与众不同、高标独立的一位。

他出身满族宗室之家，身上流着大清皇族的血液，但他却毫无贵族子弟骄纵傲慢的样子，其言行举止与普通人并无二致。

他身为名义上的一国之君，但毫无唯我独尊、高高在上的帝王姿态，而是礼贤下士、作风民主、广开言路，不仅允许低阶官吏进呈变法奏疏，还鼓励士绅商民上疏言事，表现出了一位开明君主平易近人的风范和虚心纳谏的胸襟，而这是之前历代帝王都难以做到的，在当时是非常难能可贵的。

他忧国忧民，关注国家命运，关心民间疾苦，同情广大中下层民众，他推行变法的初衷就是使国家富强，让百姓过上好日子。

他思想超前，睁大眼睛看世界，敢于突破封建思想的桎梏，主张向西方学习，学习西方先进的文化、技术甚至是有违祖训的政治制度，极力革除大清的积弊，让大清跟上世界的潮流。

光绪帝的一生是短暂的，也是极为悲惨的。在凄风苦雨的晚清时代，他即使身陷囹圄，忧国忧民之心仍未泯灭。他在短暂的一生中为改变国家命运做了自己力所能及的事情，奉献了自己的光和热，乃至自己的生命。

光绪帝虽然英年早逝了，但他却如同一颗闪耀于天际的星辰，照亮了晚清黑暗天空的一角。他虽然未能实现富国强兵的抱负，但仍不失为中国历史上一位德行高尚、令人景仰的君主，一位功载史册、爱国开明的帝王！